W0229148

SUTTON
VERLAG

Dresden im Winter.

Dietmar Sehn

Weihnachten
in
Sachsen

SUTTON
VERLAG

Sutton Verlag GmbH
Hochheimer Straße 59
99094 Erfurt
www.suttonverlag.de

Copyright © Sutton Verlag, 2013
Gestaltung: Sutton Verlag
ISBN: 978-3-95400-202-3
Druck: CPI books GmbH, Leck

Inhaltsverzeichnis

Fröhliche Weihnachten! – Deutschland
Happy Christmas! – England
Merry Christmas! – USA
Joyeux Noël! – Frankreich
Feliz Navidad! – Spanien
Feliz Natal! – Portugal
Buon Natale! – Italien
Prettige Kerstdagen! – Holland
Wesolych Swiat! – Polen
God Jul! – Schweden
Sretan Bozicj! – Bosnien
Glaedelig Jul! – Dänemark
Hyvää Joulua! – Finnland
God Jul! – Norwegen
Sretan Bozic! – Kroatien
Gleöileg Jöl! – Island
Linksmu Kaledu! – Litauen
Streken Bozhik! – Mazedonien
Mutlu Noeller! – Türkei
Kellemes Karácsonyt! – Ungarn
Shinnen omedeto! – Japan
Geseende Kerfees! – Afrikaans
Kala Christougenna! – Griechenland

Vorwort

Das Erzgebirge wird oft als Weihnachtsland und Dresden als sächsische Weihnachtshauptstadt bezeichnet. An allen Ecken und Enden, auf vielen Märkten, in den Vorgärten und den Wohnstuben des Sachsenlandes stehen geschmückte Weihnachtsbäume, funkeln Lichterketten, drehen sich Pyramiden. In der Weihnachtszeit zieht Besinnlichkeit in die Seelen ein, man erinnert sich an alte Bräuche, kauft Geschenke, denkt an die Weihnachtsbäckerei vergangener Zeiten und natürlich ans Essen und Trinken ... Schon Wochen vor dem Fest werden Speisen und Getränke besorgt, um zu Weihnachten besondere Spezialitäten auf den Tisch zu bringen: im Erzgebirge das Neunerlei, in Schlesien Mohnklöße, vielerorts Bockwürste mit selbst gemachten Kartoffelsalat und natürlich die Weihnachtsgans. Weihnachten in Sachsen – da ziehen Tausende Menschen zum Striezelmarkt nach Dresden und zu den Bergaufzügen ins Erzgebirge. Weihnachten in Sachsen – das sind die Adventssterne aus der Oberlausitz, der Pflaumentoffel, der Weihnachtsmann, das Christkindel, da gibt es Abergläubisches in den zwölf Nächten, köstliche Rezepte, traditionelle Weihnachtslieder, Gedichte, Kartengrüße und Adventskalender. Auf manchen davon sind Abbildungen von Ludwig Richter zu sehen, dem sächsischen „Maler der Weihnacht". Er schuf über 1.000 Holzschnitte, Aquarelle, Radierungen und Zeichnungen. Viele empfinden besonders seine romantischen Bilder zur Weihnachtszeit als zeitlos schön, weshalb einige davon in diesem Weihnachtsbuch enthalten sind.

„Jesusknabe in der Krippe unter dem Christbaum“,
Ludwig Richter.

1.

Die Adventszeit

ADVENT HEISST ANKUNFT

Der Begriff „Advent" kommt aus dem Lateinischen und heißt übersetzt „Ankunft des Herrn". Die Christen übernahmen die Bezeichnung von den Römern und wiesen damit auf die bevorstehende Geburt von Jesus Christus hin. Vielerorts ist der erste Advent der „Tag des Stollens", an dem Freunde und Verwandte als kleine Aufmerksamkeit einen Stollen erhalten. Am ersten Advent werden zudem Räuchermänner, Nussknacker, Pyramiden und zahlreiche weihnachtliche Figuren aufgestellt, die erste Kerze am Adventskranz wird angezündet. Der grün geflochtene Kranz, mit goldenen und roten Bändern umbunden und ursprünglich als „Zauberkranz" bezeichnet, steht für Segen und Licht in den Stuben und soll die „finstere Zeit" erhellen. Das Licht ist wiederum das Symbol für Wärme, Leben und Geborgenheit.

Der Hamburger Theologe Johann Heinrich Wichern entwickelte aus dem heidnischen grünen Kranz den Adventskranz, indem er im Betsaal eines Erziehungsheimes für Kinder und Jugendliche einen Holzkranz mit 24 Lichtern aufhängen ließ. Der Holzkranz, groß wie ein Wagenrad, besaß 20 rote Kerzen für die Wochentage und 4 weiße Kerzen für die Sonntage. Ab etwa 1860 wurde der Kranz mit grünen Zweigen geschmückt. Der aus dem Norden Deutschlands stammende Kranz wurde zunächst in den skandinavischen Ländern beliebt. Schwedische Studenten brachten ihn dann nach Mitteldeutschland. Schließlich

machte die Wandervogelbewegung den Weihnachtsschmuck überall in Deutschland bekannt, so auch in Sachsen. Heute ist in fast
jeder sächsischen Wohnstube ein traditioneller oder moderner
Adventskranz zu finden, auf dem beispielsweise auch vier Kerzen
in einer schnurgeraden Reihe stehen können. Egal welche Form
der Kerzenständer auch hat, gemeinsam ist allen, dass an jedem
Adventssonntag eine weitere Kerze angezündet wird.

Ein Dresdner Stollen mit seinen Zutaten.

„*Der erste Schnee*", *Ludwig Richter.*

ADVENTSSTERNE AUS HERRNHUT

Deutschlandweit werden die Adventssterne aus der Oberlausitz bewundert, die der Herrnhuter „Sternelbetrieb" herstellt. Ihren Ursprung haben die Papiersterne in der Herrnhuter Brüdergemeine. Der Weihnachtsschmuck wurde zunächst in der dortigen Heimschule an langen Winterabenden gefertigt. Der Erfinder der „Sternelei" war der Niederländer Peter Hendrik Verbecks, der in Niesky eine Ausbildung zum Kaufmann absolvierte und die Sterne in der Brüdergemeine anfertigen ließ. Er hatte auf mathematischem Weg die Aufgabe gelöst, Dreier- und Viererformen zu vereinen. Der „Vater der Sterne" erhielt 1897 ein Patent hierfür. Auf einer Tafel an der Brüdergemeine steht: „Um 1880 begann das Basteln von Sternen. Daraus entwickelte sich eine handwerkliche Herstellung mit einem Blechkörper und in Blechrahmen erfassten, aufschiebbaren Papierzacken. Die Beleuchtung erfolgte mit einem Petroleumlämpchen, das eingehängt wurde. Die Nachfrage wuchs und wuchs und so ging man 1925 zur industriellen Produktion über. Ohne Blechkörper und mit Rähmchen aus Hartpappe wurden die Sterne mit Hilfe von Klammern zusammengesetzt. So entstand der körperliche Papierkern, wie er heute noch gefertigt wird." Die Herrnhuter Brüdergemeine verwendete auch erstmals die Wortgruppe „voller Gemüt" im Sinne von Herzlichkeit. Als „Gemütlichkeit" wird dieser typische weihnachtliche Zustand des Wohlbefindens sogar im Englischen und Französischen (la Gemütlichkeit) verwendet.

WEIHNACHTSSTERNE AUS DEM BLUMENGESCHÄFT

Der Weihnachtsstern gilt wegen seiner auffälligen Hochblätter, die sternförmig angeordnet sind, als beliebte Zimmerpflanze für die Adventszeit. Eigentlich stammt das Gewächs aus den tropischen Wäldern Südamerikas. Der Naturforscher Alexander von Humboldt (1769–1859) brachte die Adventssterne 1804 nach Europa. Neben den intensiv-roten Gewächsen wurden in Kötzschenbroda bei Radebeul erstmals auch pinkfarbene Blumen gezüchtet. Die Blütezeit der Sterne beginnt im November und endet Anfang Februar.

Vorweihnacht
VOLKSGUT

Bald ist Weihnacht, wie freu ich mich drauf,
da putzt uns die Mutter ein
Bäumlein schön auf,
es glänzen die Äpfel, es funkeln die Stern,
wie haben wir doch
alle das Weihnachtsfest gern.

Wenn Zweige zu Weihnachten blühen

In der Adventszeit schmücken Tannengrün und rote Weihnachtssterne die Wohnung. Weiterhin stehen in vielen Familien Kirsch-, Birnen- oder Apfelzweige in einer Vase. Sie haben eine besondere Bedeutung. Die Zweige sollen am 30. November, dem Andreastag, von den Bäumen abgeschnitten werden. Der heilige Andreas gilt als Patron aller Liebenden, als „Heiratsvermittler". Somit ist der Andreastag traditionell ein fröhlicher Tag, der mit zahlreichen Bräuchen und Späßen verbunden ist. Manche schwören auf das Abschneiden der Zweige von sieben bzw. neunerlei Bäumen und Sträuchern. Ein anderer Brauch besagt, dass die Andreaszweige von Mädchen schweigend und heimlich um sechs, neun oder zwölf Uhr geschnitten werden sollen, dann bringen sie Glück en masse. Nach altem Volksglauben sind die Andreasnacht, Weihnachten und Silvester besonders geeignet, den Wunschpartner an sich zu binden.

„Die Familie am Kachelofen", Ludwig Richter.

Andreaszweige zeigen Mitte Dezember die ersten Blätter. Weihnachten springen die Knospen auf, sie stehen dann in voller Blüte und bringen Liebe und Freude. Wer das Abschneiden der Zweige am Andreastag versäumt hat, kann es am vierten Dezember, dem Tag der heiligen Babara, nachholen. Barbara wird als Schutzpatronin der Bergleute verehrt. Mitten im Winter soll Barbara einen dünnen Ast zum Blühen gebracht haben. Die Legende sagt: Wer am Barbaratag Kirschzweige schneidet und in eine Vase stellt, hat Glück im neuen Jahr. Voraussetzung ist, dass Weihnachten die Zweige blühen. In der Oberlausitz besorgten junge Mädchen einst die Kirschzweige. Sprangen die Knospen zu Weihnachten auf, dann sagte der Brauch: Bald wird Hochzeit sein!

Bereits im 15. Jahrhundert wurden an diesem Tag die Bergmänner und Gruben in den hiesigen Bergwerken geehrt. Das Fest begann mit einem Gottesdienst entweder auf der Zeche oder in einer Kirche. Die Bergmänner trugen während der Feier ihre „Galatracht". Abends klang der Barbaratag mit heiterem Gesang aus.

BAUERNREGELN

* Andreasschnee tut Korn und Weizen weh!
* Herrscht im Advent recht strenge Kält', sie volle 18 Wochen hält.
* Fließt Nikolaus noch Birkensaft, dann kriegt der Winter keine Kraft.

Die Weihnachtsbäckerei hat eine lange Tradition. Schon im 14. Jahrhundert stellten Frauen weihnachtliches Naschgebäck her. Wochen vor dem Fest rührten sie den Teig zu Plätzchen und anderen Leckereien. Noch heute zählt das Backen von Plätzchen unbedingt zum Vorweihnachtsprogramm. Dabei können die Kinder ihre Hilfsbereitschaft unter Beweis stellen und sich selbstverständlich hin und wieder eine Kostprobe genehmigen.

Butterplätzchen

Zutaten

100 G	ZUCKER
200 G	BUTTER
300 G	MEHL
EIN	EI
EINE PRISE	SALZ

Zubereitung

Die Butter wird scheibchenweise geschnitten und die Zutaten werden mithilfe eines Rührgerätes verarbeitet, schließlich ist Handarbeit angesagt. Der Teig wird ausgerollt und die Plätzchen werden ausgestochen. Das Kuchenblech wird in den auf 180°C vorgeheizten Ofen geschoben. Dort backen die Plätzchen 10 bis 15 Minuten, bis sie goldgelb sind.

Das Mehl auf dem Fußboden wird beseitigt, die klebrigen Hände werden gewaschen und schon zieht der wunderbare Duft durch die Küche.

Plätzchenbacken macht Kindern noch mehr Spaß, wenn sie dabei ein Lied zum Besten geben dürfen, beispielsweise:

Backe, backe Kuchen,
der Bäcker hat gerufen.
Wer will guten Kuchen backen,
der muss haben sieben Sachen:
Eier und Schmalz,
Butter und Salz,
Milch und Mehl,
Safran macht den Kuchen gehl …

Schwibbögen aus dem Erzgebirge

Aus Johanngeorgenstadt kommt der nachweislich älteste Schwibbogen der Welt. Carl Teller hieß der Bergschmied, der ihn 1740 fertigte, nachdem am letzten Arbeitstag vor Weihnachten die Mettenschicht abgehalten worden war. In diesem Nachtgebet dankten die Bergmänner für die glückliche Rückkehr aus dem Bergwerk und baten um Glück für das neue Jahr. Sie hatten die Grubenlampen am Stollenaufgang hinterlassen, sodass die Lampen bei der Bergmette im Halbrund leuchteten. Dieses Motiv inspirierte den Bergschmied und so schmiedete er den ersten Schwibbogen, indem er die Figuren mit dem Meißel aus schwarzem Blech herausschlug. Die Kerzen symbolisieren die Grubenlampen, die Figuren stellen die Arbeit der Bergleute dar. Der Bogen fand Gefallen und bald fertigten viele Familien solche Bögen an, sie wurden zu einem Sinnbild für das Erzgebirge. Es wurde Brauch, so einen halbrunden Bogen auf die Fensterbank zu stellen. Die fünf-, sieben- oder zehnflammigen Bögen leuchten in fast jedem Haus, auch wenn der Schwibbogen von 1740 über elf Kerzen verfügt hatte. Johanngeorgenstadt gab sich den Namen „Stadt des Schwibbogens". Auf dem Markt steht inzwischen der größte freistehende Schwibbogen der Welt – 25 Meter breit und 14,5 Meter hoch. 700 Tonnen Edelstahl wurden für die Anfertigung benötigt.

Zu den sachsenweit bekanntesten Bögen gehört das „Schwarzenberger Motiv". Der Waschmaschinenfabrikant Friedrich Emil Krauß hatte nach einem Entwurf von Paula Jordan das bergmännische Brauchtum und die Handwerkskünste symbolträchtig unter einem Bogen vereint und in den 1930er-Jahren nahezu eine

„Wenn's schneit", Ludwig Richter.

halbe Million Erzgebirger in Ausstellungen angelockt. Einige Besucher empfahlen Krauß, dem NSDAP-Kulturwart, den Bogen mit einem Hakenkreuz zu schmücken. Doch er favorisierte die sächsischen Kurschwerter, die dann auch zum Mittelpunkt des Motivs wurden.

Die heutigen Schwibbögen sind eher christlich geprägt, oftmals ist die kleine Seiffener Dorfkirche auf ihnen zu sehen. Aus Schwarzenberg kommen noch heute viele schlichte, schwarze Metallbögen mit elektrischer Beleuchtung, die sogar weltweit exportiert werden

Am Eingang des Spielzeugdorfs Seiffen zur Weihnachtszeit.

SCHWIBBOGENKÖNIG UND SCHWIBBOGENPRINZ

Die Idee zu einem Schwibbogen-Wettbewerb für Hobbybastler stammt indes aus Stollberg. Vom ersten bis zum dritten Advent stellt die Jacobikirche ihre Räumlichkeiten für die kostenfreie Ausstellung zur Verfügung. Dort sind dann viele dieser Glanzstücke zu bewundern. Was da an Arbeitstunden drinsteckt, ist unbezahlbar. Doch die „Meister des ungewöhnlichen Steckenpferdes" – vom Schüler bis zum Rentner – gehen mit viel Lust und Liebe an die Arbeit. Und jeder möchte natürlich einmal den Titel „Schwibbogenkönig" tragen, Kinder können „Schwibbogenprinzen" werden. Der jüngste Teilnehmer zählte gerade einmal vier Jahre, seine Arbeit war aus Pappe gefertigt. Am dritten Adventssonntag fällt dann in der Jacobikirche die Entscheidung. Rund 10.000 Stimmzettel werden ausgewertet, immerhin gibt jeder zweite Besucher seine Wertung ab. Die Statistik von Mario Richter, einem ehrenamtlichen Organisator, besagt, dass seit 2002 etwa 1.000 Bastler – nicht nur aus dem Erzgebirge – ihre Hobbyarbeiten für den Wettbewerb präsentiert haben. Mehrere Aussteller sind „Stammgäste" und immer wieder kommen neue kleine und große Bastler hinzu. Mancher Teilnehmer ist zwar enttäuscht, wenn er keinen Preis erhält, doch nächstes Jahr ist er wieder mit einem neuen Exemplar dabei – die Teilnahme zählt. Kurz nach der Auszeichnung tragen die Hobbykünstler dann ihre Bögen nach Hause, denn sie sollen am Fenster leuchten und Freude bringen.

„Winter", Ludwig Richter.

ADVENTSKALENDER DAMALS UND HEUTE

Es ist ein schöner Brauch, am ersten Dezember einen Weihnachtskalender zu verschenken und an eine Wand oder das Fenster zu
hängen. Jeden Tag wird ein Fensterchen geöffnet. Hinter dem
größten Fenster, am 24. Dezember, strahlt meistens der Weihnachtsmann oder das Christkindel die Kinder freundlich an. Seit
einigen Jahren purzelt aus den Fenstern sogar Schokolade heraus.

Anfang des 20. Jahrhunderts tauchten die ersten Adventskalender für 24 Tage auf, doch seine Wurzeln hat er schon im
Jahrhundert zuvor. Protestantische Familien hatten 24 religiöse
Bilder an die Wand gehängt, auch an Kerzen oder Lebkuchen
wurden die Tage bis zur Weihnacht abgezählt. Ärmere Familien
malten 24 Kreidestriche an die Tür. Täglich wurde dann ein Strich
beseitigt. Die ersten gedruckten Kalender wurden um 1920 ein-
geführt und besaßen noch keine Türchen zum Öffnen. Während
des Zweiten Weltkrieges wurden Kalender wegen Papiermangels
selbst gebastelt. Einer der bekanntesten sächsischen Kalenderver-
lage war der Oberlausitzer Kunstverlag in Ebersbach. Die Ver-
legerin Inge Schubert ließ über 100.000 Kalender liebevoll und
künstlerisch hervorragend gestalten. Mehrere Kalender waren
von christlichem Inhalt geprägt. Leider musste der Verlag nach
der politischen Wende aus wirtschaftlichen Gründen aufgeben.
Zum Glück sind nach dem „Aus" die meisten Motive des Betrie-
bes erhalten geblieben. Auch in Heidenau und im vogtländischen
Reichenbach wurden zigtausend Adventskalender produziert,
die noch heute begehrte Exemplare sind. So präsentieren leiden-
schaftliche Sammler jedes Jahr zu Weihnachten ihre Adventskalender in Ausstellungen.

Adventskalender aus Omsewitz bei Dresden sind von besonderer Art. Mehrere Omsewitzer stellen hierfür ihre weihnachtlich geschmückten Fenster zur Verfügung. An jedem Tag ist ein anderer „Fenstergestalter" für das Bild verantwortlich und bis zum Heiligabend findet täglich eine kleine Zeremonie statt, bei der Weihnachtslieder gesungen, Geschichten und Gedichte vorgetragen werden. „Omse", der Verein für Lebenskultur und Gemeinsinn, hatte diese Idee, an der Kinder, Jugendliche, Berufs- und Laienkünstler mit immer neuen Themen beteiligt sind.

Inzwischen sind in einigen sächsischen Orten auch musikalische Adventskalender aufgetaucht. So öffnen sich jeden Abend die Türen eines bestimmten Hauses in der Dresdner Neustadt. Zu hören sind Musikanten, Vorleser und Chöre, die mit ihren Vorträgen auf die Weihnacht einstimmen. Am Heiligabend wird das Türchen nicht erst um 19 Uhr, sondern bereits nachmittags geöffnet und dann ein Krippenspiel vorgeführt. Das Öffnen der Weihnachtskalender auf diese Art ist vielerorts zu einem schönen Brauch geworden.

Kindervers

Advent, Advent,
ein Lichtlein brennt,
erst eins, dann zwei,
dann drei, dann vier,
dann steht das Christkind
vor der Tür.

„Sternennacht", Ludwig Richter.

Stollen zu backen ist für einen sächsischen Bäckermeister Ehrensache – natürlich nach Familienrezept. Noch in den 1960er-Jahren waren die Backstuben in der Adventszeit ein gemütlicher Treffpunkt. Der Meister arbeitete nach einem „Stollenbackplan" und schon lange vor dem Fest teilte man ihm seinen Wunschtermin mit. Wer Westverwandtschaft hatte, konnte seine Stollen vielleicht mit Mandeln und Rosinen aus dem „Paket von drüben" etwas großzügiger fertigen lassen. Irgendwie hatten letztendlich die meisten die nötigen Zutaten – und wenn nicht, wurde Ersatz besorgt wie rote Rüben, grüne Tomaten, Pflaumenkerne und Möhren. Bekanntlich war die Beschaffung der Rohstoffe eine Herausforderung. Bis in die 1950er-Jahre hinein wurden Produkte mithilfe von Lebensmittelkarten verkauft. Und so war Sparen angesagt.

Wer einen guten Stollen wollte, der wusste: Keine Zutat darf im Geschmack dominieren. Meist wurden aus dem restlichen Stollenteig noch ein Kartoffel- und ein Zuckerkuchen gebacken. Oft saß man in der warmen Backstube, plauderte und schaute dem Bäcker bei der Arbeit zu. Einige Bäckermeister störte das und so bestellten sie ihre Kunden nachmittags zum Abholen. Damit es auch ja keine Verwechslungen gab, steckten an den Stollen kleine Blech- oder Holzstäbchen mit den Personennamen. Die Stollen wurden behutsam in einen Wäschekorb gelegt, der dann auf einen Leiterwagen kam, und ab ging der Transport nach Hause. Auf dem Heimweg durfte unter keinen Umständen ein Unglück geschehen, man durfte also nicht stolpern oder gar hinfallen. Ängstliche Zeitgenossen baten deshalb die Bäckergesellen um die Erledigung dieser Aufgabe, die dafür einige Münzen erhielten. Fiel nämlich ein Stollen zu Boden oder zerbrach wegen

Na dann guten Appetit!

Ungeschicklichkeit, sprach man vom „Pechvogel für ein Jahr". Es war zudem Tradition, den Stollen erst am Heiligabend anzuschneiden. Wer vom 24. Dezember bis 6. Januar zwölf verschiedene Sorten probierte, konnte ein erfolgreiches Jahr erwarten. Einige Stollenbäcker erinnern sich noch, dass die meisten Teige mit der Hand geknetet und Rosinen unter den fertigen Teig gegeben wurden. Ausgerollt kamen dann Zucker und Zimt mit Butterflocken oder Streusel darauf. Dabei geschahen manchmal auch Missgeschicke, so wurde nicht selten Salz statt Zucker verwendet. Mancher Bäcker verlangte sogar Kohlen, um die Backstube warm zu bekommen.

Heutzutage sind die Treffs in den Backstuben selten. Dennoch: Einige Bäcker nehmen die Zutaten ihrer Kunden entgegen und backen nach deren Rezept. Dabei lassen sie sich auch einmal über die Schulter schauen.

Immer ein Lichtlein mehr
MATTHIAS CLAUDIUS

Immer ein Lichtlein mehr
Im Kranz, den wir gewunden,
dass er leuchte uns so sehr,
durch die dunklen Stuben.

Zwei und drei und dann vier,
rund um den Kranz welch ein Schimmer
und so leuchten auch wir
und so leuchtet das Zimmer.

Und so leuchtet die Welt,
langsam der Weihnacht entgegen,
und in den Händen sie hält,
weiß um den Segen.

URALTES REZEPT
ZUR WEIHNACHTSBÄCKEREI

1787 erschien ein Weihnachtsbackbüchlein mit Aufzeichnungen für die Stollenbäckerei. Theresa Thomasen aus Ringenhain (Oberlausitz) schrieb darin: „Wenn es an der Zeit ist, an Weihnachten zu denken, so gebe ich hier ein allgemeines Verhältnis für die Christstollenbäckerei an." Die Empfehlung lautete, den Stollen aus einer Kanne Milch, Zucker, anderthalb Pfund Schmalzbutter und – man höre und staune – einem Dutzend Eier herzustellen. Die Butter sollte in lauwarmer Milch zergehen. Hierzu kamen Rosenwasser, Muskatblumen, Rosinen, Mandeln, Zitronat. Der Hefeteig sollte kräftig durchgeknetet und schließlich geformt werden. Erst wenn der Stollen trocken gelegen und mürb geworden war, sollte das Anschneiden geschehen. Bei sorgsamer Beachtung all dieser Regeln musste das Gebäck einfach schmecken und zu keinen Magenverstimmungen führen. Im Weihnachtsbackbüchlein der Witwe stehen noch andere leckere Rezepte wie für Weihnachtspfannkuchen. Auch hierzu sollen viele Eier verwendet werden. Dass unsere Vorfahren mit Butter und vor allem Eiern keineswegs sparsam umgingen, lässt erahnen, dass man sich zu Weihnachten schon immer etwas mehr als zu anderen Zeiten leistete.

„Weine nur nicht, Helmchen!", Ludwig Richter.

STOLLE, STOLLEN, STRIEZEL, CHRISTBROT

Nicht überall in Sachsen sagt man zum Stollen „Stollen". Rund um Leipzig heißt das Weihnachtsgebäck „die Stolle", was vom althochdeutschen Wort „stollo" abgeleitet ist und „Pfosten" bedeutet. Vor dieser Namensgebung war „Striezel" als Bezeichnung für das Gebäck üblich. Man nennt den Stollen oder Striezel aber manchmal auch „Christbrot". Die sächsische Bäckerinnung rief 1994 die Aktion „Stollenpfennig" ins Leben. Seitdem stellen mehr als 600 sächsische Bäckermeister Sammelbüchsen in ihre Geschäfte. Damit bitten die Bäcker ihre Kunden, das Wechselgeld beim Stollenkauf bedürftigen Menschen zu spenden. Der Stollenpfennig fließt in die Aktion „Brot für die Welt."

Eine Weihnachtsmotette in der Thomaskirche zu Leipzig.

DIE PFEFFERKUCHENSTADT PULSNITZ

Der 7.500 Seelen zählende Ort Pulsnitz trägt den Beinamen „Pfeffer-kuchenstadt". Schon um 1550 wurden hier Pfefferkuchen gebacken. Vor dem Zweiten Weltkrieg betätigten sich in dem Ort 30 Personen als Pfefferküchler und fast die Hälfte der Pulsnitzer arbeitete in dieser Branche. Heute sind noch 100 Pfefferküchler in acht hand-werklichen Pfefferküchlereien und einer Lebkuchenfabrik tätig. Die gefüllten Spitzen sind nur eine Variante der hiesigen Pfefferkuchen. Natürlich werden hier auch die berühmten Pulsnitzer Honig- und Lebkuchen sowie die weiß gezuckerten „Pflastersteine" hergestellt. Bei aller Verschiedenheit eint sie ein gemeinsamer Geschmack, da sie alle aus Mehl und Honig oder Sirup bestehen. Keinesfalls darf Hefe zum Backen verwendet werden. So bekömmlich macht die Pfefferkuchen die monatelange Lagerung und die streng geheime Gewürzmischung. Schließlich möchte jeder Pfefferküchler die bes-ten Pfefferkuchen an die Frau oder den Mann bringen. Frisch geba-ckene Lebkuchen schmecken besonders lecker und sind sogar bei Magen-Darm-Beschwerden zu empfehlen, da viele Gewürze eine heilende Wirkung auf den Magen besitzen. Zimt, das wichtigste Gewürz für die Pfefferkuchen, zeigt besonders positive Effekte. Damit kommt der Kreislauf in Schwung, der Appetit wird angeregt und es hilft gegen kalte Füße.

Der Begriff „Pfefferkuchen" hat sich nur im östlichen Teil Deutschlands erhalten. Im Norden, Süden und Westen spricht man von Honigkuchen, Magenbrot oder Lebkuchen. Das führte nach der Wiedervereinigung 1990 zu Problemen. Die bundesdeutsche Handwerksordnung akzeptierte den Beruf „Pfefferküchler" nicht, woraufhin sich die Oberlausitzer einen mehrjährigen Kampf mit den Behörden lieferten. Erst 1998 nahm das Wirtschaftsministerium den Berufsstand „Bäcker, spezialisiert auf Pfefferküchler" als regionaltypisches Handwerk in seine Liste auf.

Die Kleinstadt in der Oberlausitz gestaltet jedes Jahr ein Pfefferkuchenfest, dessen Höhepunkt die Wahl der Pfefferkuchenprinzessin ist.

Pfefferkuchen

Zutaten

800 G	MEHL
300 ML	HONIG
300 G	ZUCKER
3	EIGELB
2 TL	ZIMT
2 TL	NELKEN
250 G	BITTERE MANDELN
1 EL	ZITRONAT
	ROSENWASSER

Zubereitung

Zucker und Honig aufkochen und dann auskühlen lassen, unter das Mehl und die anderen Zutaten mischen. Den Teig gut durchkneten und ausrollen. Nach belieben schneiden und mit den Mandeln verzieren, anschließend abdecken.

Das Ganze muss zwei Tage an einem warmen Ort stehen, dann beginnt der Backprozess. Der Ofen wird auf ca. 175°C vorgeheizt und die Pfefferkuchen werden 10 bis 12 Minuten lang gebacken.

Zubereitungszeit

ca. 30 Minuten

„Befiehl dem Herrn deine Wege", Ludwig Richter.

DAS „PFEFFERKUCHENMUSEUM"
IN WEISSENBERG

Vor rund 770 Jahren wurde Weißenberg erstmals als „opi di Wizenburg" in einer Urkunde des böhmischen Landesherrn und Königs Wenzel erwähnt. Zu den Sehenswürdigkeiten der kleinsten Stadt des Landkreises Bautzen zählt das alte Fachwerkhaus am Markt. Hier backten die Familien Opitz und Brauer von 1684 bis 1937 die begehrten Pfefferkuchen. Die Bäckerinnung legte fest: „für itzo und alle Zeiten soll es in der Stadt einen Kuchentisch und sechs Bäckerbänke geben." Das Dokument aus dem Jahre 1683 zählt heute zu den wertvollsten Papieren des Ortes. 1941 wurde die „Alte Pfefferküchlerei" als Museum eingerichtet und später ein Denkmal der Produktionsgeschichte. Die „Pfefferküchlerei" im alten Fachwerk ist europaweit das einzige technische Museum dieses Handwerkes. Es gewährt Einblicke in die Arbeits-, Lebens- und Wohnverhältnisse der Pfefferküchler. In ihrer ursprünglichen Form ist die Backstube als Arbeits-, Ess- und Aufenthaltsraum zu besichtigen. Der Laden entspricht der Einrichtung des 18. und 19. Jahrhunderts. Im Backhaus steht ein drei Meter tiefer, massiver Backofen, in dem die röhrenförmigen, waagerechten Züge eine gleichbleibende Hitze sicherten. Die ausgestellten Geräte sind alles Originale wie die Teighölzer, Quirle, Bottiche, die Quarkpresse und der Butterstampfer. Die Formen der Pfefferkuchen haben sich im Laufe der Jahrhunderte gewandelt. Zunächst wurden hier-für geschnitzte Holzmodel verwendet, einige messen einen drei viertel Meter, später waren 30 Zentimeter lange Figuren modern. Die Kunst des Modelstechens verlangte großes Geschick. Wer sie besonders gut beherrschte, war sehr angesehen. Die Gesellen durften am Tisch neben dem Meister Platz nehmen. Im 20. Jahrhundert war die Zeit der Holzformen vorüber, die Blechwarenindustrie lieferte Ausstechformen. Die Pfefferkuchen wurden nunmehr oft mit Sprüchen versehen.

„Gar liebliche Spezeryen" wie ein wahrhaft süßes Liebespaar sind weiterhin im Museum zu sehen. Die Gewürze mit so wohlklingenden Namen wie Ingwer, Kardamon, Koriander, Vanille, Pimpinelle, Portulak, Zimt, Fenchel und Nelken befinden sich in Apothekerflaschen und gläsernen Behältern. Gewürzmühlen können ebenfalls bewundert werden. Die Besucher haben darüber hinaus die Möglichkeit, die Met-, Eis- und Marzipanherstellung kennenzulernen. Bei speziellen Veranstaltungen können sie sogar selbst einmal mit Modellierholz hantieren.

Ein Geheimnis bleibt dennoch: Weder die Pfefferküchler noch die Mitarbeiter des Museums verraten das Mischungsverhältnis der Gewürze. Pfeffer fehlt auf jeden Fall, er wurde nie verwendet. Die Bezeichnung „Pfefferkuchen" stammt aus dem Mittelalter, in dem das Wort „Pfeffer" noch als Sammelbegriff für alle Gewürze üblich war.

Sächsische Weihnachtsmärkte

Und ist der Ort auch noch so klein, ein Weihnachtsmarkt muss sein. Manchmal währt so ein Markt nur zwei Tage, er findet meistens am ersten oder zweiten Adventswochenende statt. Oftmals trifft die Redensart „Klein, aber fein" tatsächlich zu, da der Aufwand für den Budenaufbau und das Setzen und Schmücken des Weihnachtsbaumes mitunter größer ist als der wirtschaftliche Nutzen. 2012 wurde der Großenhainer Weihnachtsmarkt in der Kategorie „Kleiner Weihnachtsmarkt" zum besten sächsischen Markt gekürt, mit der Note 1,7 siegte der Ort vor Görlitz und Auerbach. Die Stadt sorgte für Atmosphäre und Wohlbefinden, wozu die Hüttenzauberparty und der Nachtweihnachtsmarkt beitrugen. Auch am letzten Tag vor dem Heiligen Abend sah Großenhain nicht wie eine verlassene Stadt mit hochgeklappten Bürgersteigen aus.

Ja, das große Fest muss groß gefeiert werden. Stadtverwaltungen scheuen weder Mühe noch Kosten. In Schwepnitz (Westlausitz) findet alljährlich ein Umzug der Weihnachtsmänner statt. Kein Bewohner der 1.500-Seelen-Gemeinde verpasst diesen originellen Auftritt. Auf der Festung Königstein, 250 Meter über dem Elbtal gelegen, lockt an den Adventswochenenden der historisch-romantische Weihnachtsmarkt zahlreiche Besucher an. Hier herrscht mittelalterliches Treiben und Bänkelsänger präsentieren nicht nur Weihnachtslieder, sondern auch die beliebten Verse: „Auf der Festung Königstein …" Mancher Vers ist kurzerhand erfunden worden und so tönt es: „Auf der Festung Königstein, Königstein müssen doch auch Zwerge sein, Zwerge sein, jupeidi, jupeida … Da ein Zwerglein, dort ein Zwerglein, alle singen, lachen, manche sogar Faxen machen. Warum so ein Radau, nu alle Zwerge, jupeidi, jupeida, sind vom Glühwein sternenhagelblau."

„Der Christmarkt", Ludwig Richter.

In Plauen, der Hauptstadt des Vogtlandes, herrschte sogar Streit um den Weihnachtsmann. Der Bürgermeister kündigte dem alten und stellte einen jungen ein. Der alte Weihnachtsmann protestierte und der neue kehrte dem Weihnachtsmarkt nach einigen Tagen verärgert den Rücken, da man die Reifen seines Autos zerstochen und an die Scheibenwischer einen kopflosen Schokoladenweihnachtsmann gehängt hatte.

Neben Dresden werden in Leipzig und Chemnitz große und wunderbare Märkte veranstaltet. Der Leipziger Adventskalender und die vielen Buden im Zentrum der Stadt sind Attraktionen. Der Chemnitzer Weihnachtsmarkt gilt als einer der schönsten im Land, doch wie in den anderen Städten wird die Platzvergaberichtlinie bemängelt. Einige Besucher fragen sich, ob unbedingt Weingüter aus der Eifel und der Pfalz ihre Weine präsentieren müssen.

Ein Bummel über den Weihnachtsmarkt ist allerdings nicht immer ganz ungefährlich. Auf dem Dresdner Striezelmarkt ist eine Frau beim Essen einer Bratwurst erstickt und Diebe lauern überall. Vom riesigen Dresdner Schwibbogen stahlen Unbekannte einen ein Meter großen Schneemann und vom Chemnitzer Markt einen Räuchermann. Er hatte die beachtliche Größe von 1,7 Meter und wog 100 Kilogramm. Vorsicht ist im Weihnachtstrubel ohnehin immer angebracht. So rempeln Taschendiebe meist eine Person an und Komplizen entwenden währenddessen die Geldbörse aus der Hosen- oder Handtasche. Auch wird das Opfer manchmal mit einer Frage abgelenkt oder es wird „versehentlich" dessen Kleidung mit Senf oder Ketchup beschmutzt. Langfinger kennen verschiedene Maschen – die engen Gassen zwischen den Buden sind bevorzugte Fallen für Besucher.

„Weihnachtstraum", Ludwig Richter.

GLÜHWEIN HEIZT EIN

Für viele gehört roter Glühwein in der kalten Jahreszeit einfach dazu. Einige sächsische Winzer haben aus sächsischem Weißwein – Riesling und Müller-Thurgau – einen süffiges Getränk vorgestellt. Radebeuler Winzer betonen: „Ein altes Rezept mit 18 Gewürzen sorgt für das besondere Aroma." Wegen der strengen Glühwein-richtlinien der Europäischen Union nennt das Staatliche Weingut Wackerbarth seine eigene Kreation „Weiß & heiß", um den Begriff „Glühwein" zu vermeiden. Das Heißgetränk besteht unter anderen aus eigenen Weinen, Traubensaft und einem Schuss Orangenlikör. 20.000 Liter gehen zur Weihnachtszeit an die Kunden. Inzwischen bieten Winzer „Weißen Glühwein" auch in anderen deutschen Regionen an, beispielsweise in der Eifel, wo nur wenige Rebstöcke rote Reben tragen.

WIE KAM DER STRIEZELMARKT ZU SEINEM NAMEN?

Kurz vor dem ersten Advent werden die meisten Weihnachts-märkte eröffnet, so auch der Dresdner Striezelmarkt. Er ist einer der schönsten und traditionsreichsten deutschen Weihnachts-märkte. Am 19. Oktober 1434 erteilten der sächsische Kurfürst Friedrich II. und sein Bruder Herzog Siegmund den Dresdnern folgendes Privileg: „Die Stadt kann einen freien Markt abhalten, einschließlich am Weihnachtsabend." Anfangs war der Markt für die Fleischversorgung an den Festtagen bestimmt und durfte nur am Heiligen Abend, später montags vor Weihnachten, stattfinden. Er bekam die Bezeichnung „Striezelmontag". Fiel der Heiligabend allerdings auf einen Montag, so fand der „Striezelmontag" an einem Freitag statt. 1708 wurde der Markt auf drei Tage verlängert, um 1780 dann auf eine ganze Woche.

Besonders der Striezel machte diesen Weihnachtsmarkt bekannt – und das obwohl kaum ein Dresdner heute noch „Striezel" sagt und sie das Gepäck stattdessen als Stollen bezeichnen. Indessen blieb die „Erfindung" des Stollens umstritten. 1329 soll der erste Stollen in Naumburg – damals noch sächsisch – erfunden worden sein. 1457 backte der Hofbäcker Heinrich Drasdow Butterstollen auf Schloss Hartenfels in Torgau nach eigenem Rezept und ließ den „Drasdower Stollen" vom Kurfürsten Friedrich den Sanftmütigen patentieren. 1474 wurde dann ein Striezel im Dresdner Bartholomäushospital für deren Bewohner gebacken. Das Gebäck bestand aus Mehl, Hefe und Wasser. Nicht erlaubt waren Butter und Milch. Kurfürst Ernst von Sachsen und sein Bruder Albrecht wandten sich an den Papst und baten, das Privileg der katholischen Kirche auf Verzicht in der Fastenzeit zu mildern. 1491 flatterte der „Butterbrief" von Rom nach Dresden. Nun durften die hiesigen Bäcker den Striezel mit Butter verfeinern. Die Form war nicht die eines Kuchens, sondern sollte das in ein Laken eingewickelte Christuskind darstellen. Die Kosten für die Striezel trug der Stadtrat. Das Weihnachtsgebäck wurde auf dem Christmarkt verkauft und der Markt erhielt seinen bekannten Namen. Die Bäcker brachten ihre Striezel mit Handwagen, sogenannten Striezelwagen, auf den Platz und legten dort ihre Backwaren auf „Striezelbrettern" ab, die kostenlos vom Rat der Stadt zur Verfügung gestellt worden waren. Es lohnte nicht, für einen Tag eine feste Bude zu errichten. Stollenverkäufer mussten zeitweilig jedoch Abgaben zahlen.

Tradition war, dass der Bürgermeister die Ratsherren zum Striezelessen einlud. Jeder Ratsherr erhielt zudem zwei Striezel umsonst, später wurde Striezelgeld gezahlt. Mit einem zünftigen Festumzug erfreuten die Dresdner Bäcker die Bürger. Sie trugen ihre Striezel durch die Straßen, die Zutaten für das Backwerk hatte der kurfürstliche Hoffutterboden gestellt. Eine

Militärkapelle begleitete die Bäckerzunft. Die Marktordnung legte fest: „Der Christmarkt ist nur zur Erleichterung des Warenabsatzes hiesiger Bürger und Einwohner bestimmt und daher kein Jahrmarkt im eigentlichen Sinne. Auswärtigen Händlern ist das Feilhalten nur insofern gestattet, als sie ein altes Recht dazu besitzen." Dieses Recht stand damals nur den Töpfern aus dem 30 Kilometer entfernten Dippoldiswalde und den Spielwarenhändlern aus dem Erzgebirge zu. Veränderungen in der Marktordnung erlaubten später auch den Händlern aus der Oberlausitz, in der Residenzstadt Leinenstoffe und Pfefferkuchen anzubieten. Die Dresdner Händler sahen in dem großen Angebot der „Fremden" eine Benachteiligung und forderten für die „auswertigen Kaufleute" rundum Marktverbot. Sie verlangten sogar, den Markt gänzlich abzuschaffen. Der Rat der Stadt entschied anders – der Striezelmarkt blieb und behielt seine magische Anziehungskraft. Doch der Streit um Verkaufsrechte stand immer wieder auf der Tagesordnung. Unklare rechtliche Festlegungen führten zu Streitigkeiten um die Marktfreiheit. Vor 200 Jahren durften fremde Händler nur am ersten Markttag verkaufen. Wer einen Verkaufsplatz wünschte, musste einen Antrag stellen und erhielt dann für 16 Groschen eine Marktstelle. Der Inhaber konnte den Platz bis zu seinem Tod nutzen. Im Jahre 1811 wurden auf dem Altmarkt 271 Plätze vergeben. Nach wie vor blickten die Dresdner neidvoll auf die Fremden. Zur unerwünschten Konkurrenz gehörten auch die „Schachtelmänner" aus dem Erzgebirge mit ihren Holztellern und dem Kinderspielzeug. Ein Dutzend Holzteller kostete sieben Groschen, ein Dutzend Spielzeugtrompeten einen Groschen und sechs Pfennige. Die günstige Ware fand viele Käufer. Sehr beliebt waren auch Hängeleuchten, Pyramiden und Nussknacker.

Die Auseinandersetzungen der Händler untereinander und mit dem Rat der Stadt währen bis in unsere Zeit. Teilweise bewerben sich über 400 Händler um einen Stellplatz. Doch nur bekannte und bewährte Aussteller erhalten den Zuschlag, so sieht es jedenfalls die städtische Gewerbeordnung vor. Die Händler müssen mindestens

Große Pyramide im Erzgebirgischen Spielzeugmuseum im Kurort und Spielzeugdorf Seiffen.

drei Jahre eine Tätigkeit im einschlägigen Geschäft nachweisen und regionale Besonderheiten und weihnachtstypische Angebote aufweisen können. Damit sollen Unterschiede zu anderen Weihnachtsmärkten erkennbar sein. Trotzdem können fast alle Bewerber eine Bude betreiben. Auf dem traditionellen Striezelmarkt stehen knapp 250 stabile Marktbuden. Darüber hinaus können noch der historische, romantische und handwerkliche Weihnachtsmarkt in der Weihnachtshauptstadt, so der Beiname Dresdens, erkundet werden. Vom Hauptbahnhof bis zum Albertplatz in der Dresdner Neustadt, acht Kilometer insgesamt, reihen sich die Buden aneinander, unterbrochen nur durch das Schlossgebäude, Straßen, Gassen und eine Brücke. Einheimische lassen es sich nicht nehmen, mindestens einmal über den Striezelmarkt zu bummeln. Man kommt oft mit der Familie oder einer großen Gruppe hierher.

So mancher probiert statt Striezel fleißig den Glühwein. Hierfür wird eine Flasche Rotwein mit Zitronensaft und Gewürznelken in einen Topf geschüttet und etwa eine Viertelstunde bis zum Siedepunkt erhitzt. Danach kommt das Getränk in die Becher oder Gläser. Die Inhaber von Glühweinständen füllen natürlich mehrere Flaschen Rotwein in einen Trog. Meist ist der Glühwein bereits nach Norm gesüßt. Der Glühweintrinker kann das Gesöff entsprechend seinem Geschmack versüßen, sofern eine Zuckerdose greifbar ist. Oft werden eigens dafür selbst angefertigte Gefäße zur Verfügung gestellt. Auf dem Dresdner Striezelmarkt sind ständig 45.000 Glühweintassen unterwegs, die nicht zur Ausrüstung der Stände gehören. Stattdessen bringt eine Firma die sauberen Tassen und holt die benutzten wieder ab. Sechs Transporter fahren unentwegt zur zentralen Spülstelle. Mitunter müssen sogar Männer mit Sackkarren die Hin- und Rückreise der Tassen übernehmen. In der Regel ist eine Tasse 15 Mal am Tag unterwegs. Auf jede Tasse wird ein Pfand gezahlt. Wer sie nicht zurückbringt, büßt zwei Euro ein und hat dafür eine Tasse mehr in seinem Schrank. Rund 40.000 Tassen kommen während des Striezelmarktes abhanden, 2.000 Tassen gehen zu Bruch, doch für Nachschub ist immer gesorgt.

Der Striezelmarkt, gezeichnet von der Dresdner Malerin und Grafikerin Irmgard Lehmann.

49

Das Honigkuchenherz
KARL LEINBERGER

Vor der Bude beim Zuckerbäcker stand
der Opa mit seinem Enkelkind an der Hand.
Paulchen wählte nach langem Suchen
ein großes Herz aus Honigkuchen.

Nun ging der Opa mit Paulchen die Runde,
es dauerte schon eine ganze Stunde.
Vor jeder Bude blieb Paulchen stehen,
überall gab es Neues zu sehen.

Plötzlich sagte er ganz leise: „Opilein …,
Opa, ich muss mal, auch bloß ganz klein."
„Schon recht", sagte Opa, der Gute,
„Komm Paulchen, geh einfach hinter die Bude."

Fest in der Hand den Honigkuchen
ist Paulchen vorne das Knöpfchen am Suchen.
Der kalte Wind pfiff ihm um die Ohren,
die Fingerchen waren schon blau gefroren.

Deshalb traf er einige Male
das Lebkuchenherz mit seinem Strahle.
Das kleine Paulchen merkte es gleich,
denn der Honigkuchen wurde ganz weich.

Danach sagte er ohne Unterlass
„Opa, mein schönes Herz ist nass".
Da ging halt der Opa, der einzig Gute,
mit Paulchen zurück an die Zuckerbude
und stillte den großen Schmerz
mit einem neuen Lebkuchenherz.

Nun hatte er zwei Herzen und es war ja klar,
dass eines davon nicht in Ordnung war.
Doch Paulchen wollte sich damit nicht befassen
und dieses Opa entscheiden lassen.

Der Opa wusste auch hier in der Tat,
gleich wieder einen guten Rat:
„Weißt du, mein Junge, das machen wir so,
das schenken wir der Oma, die tunkt sowieso."

„Wiegenlied im Winter", Ludwig Richter.

DER STRIEZELMARKT UND SEINE STANDORTE

Das Aussehen und die Angebote des Striezelmarktes haben sich in seiner langen Geschichte mehrfach verändert. 1926 verschwand der Markt völlig von seinem ehrwürdigen Platz, dem Altmarkt. Der „Dresdner Anzeiger" schrieb: „Der alte und weltbekannte Striezelmarkt wird bei den Dresdnern bald in Vergessenheit geraten." Glücklicherweise traten diese Behauptungen nicht ein. Einbezogen in das Striezelmarktgeschehen wurden auch der Postplatz, die Hauptstraße und sogar der Albertplatz in der Dresdner Neustadt. Das Weihnachtstreiben fand zudem auf dem Neumarkt rund um die Frauenkirche statt. Nach dem Zweiten Weltkrieg wechselten wiederum die Standorte. Nicht „Striezelmarkt", sondern „Friedensweihnachtsmesse" wurde der Festmarkt zu Weihnachten 1945 genannt. Er hatte in einem Fabrikgebäude im Nordwesten der Stadt sein Domizil. Der Altmarkt war zu jener Zeit eine einzige Trümmerlandschaft. Ein Jahr später wurde die Stadt- bzw. Nordhalle in der Albertstadt (heute „Militärhistorisches Museum der Bundeswehr") für die Weihnachtsmesse genutzt.

1952 strömten über eine halbe Million Menschen in den Norden Dresdens. Viele ältere Dresdner können sich noch an die liebevoll gestalteten Weihnachtsausstellungen erinnern. 1954 zog der Striezelmarkt wieder in die Innenstadt, zunächst auf den Theaterplatz, dann wieder auf seinen traditionellen Standort, den Altmarkt, zurück. 2006 musste der älteste deutsche Weihnachtsmarkt erneut von seinem historischen Platz weichen, da eine unterirdische Tiefgarage entstand. Als Ersatz wurde der Ferdinandplatz gewählt, gelegen zwischen Prager Straße und St.-Petersburger-Straße. Dieser ungünstige Ort brachte den Händlern weniger Umsatz, denn zahlreiche Besucher strömten zum weihnachtlichen

Mittelaltermarkt im Dresdner Stallhof. Allerdings brannten die liebevoll geschmückten Buden eine Woche vor dem Fest und der historische Handwerkermarkt musste geschlossen werden. Eine deutsche Jury hatte diesen Markt als besten deutschen Weihnachtsmarkt gekürt. Inzwischen konkurrieren ein Dutzend Weihnachtsmärkte in der Stadt um die Gunst der Besucher. Der Striezelmarkt auf dem Altmarkt genießt die größte Anziehungskraft.

Dresdner Stollen – der Striezel

Die Stollenbäcker nutzen alle ein etwas anderes Rezept, das meistens als Geheimrezept deklariert ist. Und jeder Bäcker möchte natürlich den besten Stollen anbieten. Deshalb gilt auch hier: Probieren geht über Studieren.

Zutaten

175 G	GESCHÄLTE MANDELN
175 G	SULTANINEN
100 G	KORINTHEN
100 G	GEWÜRFELTES ORANGEAT
100 G	ZITRONAT
1	ZITRONE
1 PKG.	VANILLEZUCKER
3 EL	RUM
60 G	HEFE
500 G	MEHL
250 G	MARGARINE
150 G	FLÜSSIGE BUTTER
140 ML	LAUWARME MILCH
100 G	PUDERZUCKER
90 G	ZUCKER

Zubereitung

Eine Hälfte der Mandeln mahlen, die andere Hälfte hacken. Mit den Sultaninen, Korinthen, Zitronat, Orangeat, Vanillezucker, der Zitronenschale und dem Rum vermischen und eine Nacht stehen lassen.

Das Mehl wird in eine Schüssel gegeben und in der Mitte eingedrückt, sodass eine Mulde entsteht. Zucker kommt in die hineingebröckelte Hefe, die lauwarme Milch wird darübergegossen.

Nun kommt die Margarine hinzu und das Ganze wird zu einem Teig geknetet.

Der Teig wird zugedeckt, um das Volumen zu verdoppeln.

Den Teig ausrollen und mit Wasser bepinseln. Der rechteckige Teig wird so zusammengeklappt, dass die Enden versetzt sind. Die Wulst wird mit einer Kuchenrolle angedrückt, der Stollen geformt und schließlich auf ein Blech gesetzt.

Den Stollen im vorgeheizten Backofen bei 200° eine Stunde backen. Direkt nach dem Backen die flüssige Butter und den Puderzucker auf den Stollen bringen.

Genascht wird nicht, vorher darf nur der Teig gekostet werden, ob vielleicht noch eine Prise Salz oder sonstige Zutaten fehlen.

Der Stollen wird ordnungsgemäß in Alufolie gewickelt. Gegessen wird erst drei Wochen später.

Zubereitungszeit
ca. 45 Minuten

„Christmarkt", Ludwig Richter.

STOLLENFEST AUF DEM STRIEZELMARKT

August der Starke, Kurfürst von Sachsen und König von Polen, ließ 1730 einen Riesenstollen backen, der in einem feierlichen Konvoi ins „Zeithainer Lustlager" gebracht wurde. Bäckermeister Zacharias und 60 „Beckenknechte" hatten für das legendäre Fest einen 1,8 Tonnen schweren, 18 Ellen langen und 8 Ellen breiten Stollen aus 3.600 Eiern, 326 Kannen Milch und 20 Zentnern Weizenmehl gebacken. Extra für diesen Zweck waren ein „maßgerechter" Backofen und ein riesiges Stollenmesser entstanden.

Dieses aufsehenerregende Ereignis brachte 1994 pfiffige Leute auf die Idee, am Sonnabend vor dem zweiten Advent ein zünftiges Stollenfest zu veranstalten. Erfahrene Bäckermeister fertigen hierbei unter Verwendung bester Zutaten den unvergleichlichen Dresdner Stollen an. Das riesige Backwerk präsentiert jedes Jahr ein neues Stollenmädchen. Als Kandidatinnen für die Wahl können sich angehende Bäckerinnen, Konditorinnen oder Fachverkäuferinnen bewerben. Unterstützung bekommt das Stollenmädchen von August dem Starken, seiner Mätresse Gräfin Cosel und Hofnarr Fröhlich. Der Festumzug führt durch die Dresdner Altstadt, angeschnitten wird das Gebäck mit einem neuen Stollenmesser. Der Griff ist aus weißem Dresdner Porzellan und von Hand gegossen, geschliffen, glasiert und bemalt. Die aus rostfreiem Edelstahl bestehende Klinge trägt das Wappen des Kurfürsten. Das Probieren einer Stollenscheibe ist nicht umsonst, die Einnahmen aus dem Verkauf kommen einem guten Zweck zugute. Der bisher schwerste Stollen wog 4.200 Kilogramm.

Der Schutzverband Dresdner Stollen e.V. achtet genau auf die Einhaltung der Vorgaben für einen echten Stollen. Die Prüfer bewerten nach einem ausgefeilten Punktesystem Geschmack,

Geruch und Form. Mindestens 16 Punkte sind für das Gütesiegel, die begehrte Schutzmarke, notwendig. Der „Goldene Reiter" alias Kurfürst der Starke wurde vom Schutzverband als Symbol für das Qualitätssiegel auserkoren. Das Echtheitszertifikat wird nur für Stollen aus dem Großraum Dresden vergeben. Zusätzlich befindet sich auf dem Siegel eine sechsstellige Kontrollnummer, die Auskunft über die Herkunft und Güte des Stollens gibt. Dresdner Christstollen müssen in Handarbeit gefertigt sein und natürlich den hohen Qualitätsanforderungen entsprechen. Der Schutzverband lässt jedes Jahr über drei Millionen Stollensiegel produzieren. Neben dem Stollensiegel trägt das Gebäck seit 2010 das EU-Qualitätssiegel, das auf die geografische Herkunft des Gebäcks hinweist.

Das Qualitätssiegel des Dresdner Stollens.

„PFLAUMENMÄNNER, SCHÖNE PFLAUMENMÄNNER!"

Der Pflaumentoffel ist nicht nur ein gebasteltes Männlein aus Pflaumen, er schreibt ein Stück sächsische Weihnachtsgeschichte. Der Dresdner Heimatautor Kurt Arnold Findeisen (1883–1963) schrieb 1928 eine Geschichte, nach der eine arme Wäscherin wegen Mietschulden ihre Wohnung verlassen sollte. Was tun? Eine ihrer Töchter schlug vor, aus vielen getrockneten Backpflaumen ein Männlein zu basteln. So spießten Mutter und Tochter getrocknete Pflaumen auf dünne Holzstäbchen und ein kleines Männlein mit Kopf und Bauch, Armen und Beinen entstand. Die Tochter der Wäscherin zog auf den Striezelmarkt und rief: „Pflaumenmänner, schöne Pflaumenmänner!" Sie lockte viele Leute an. Im Nu verkaufte sie die Männer aus Pflaumen und die Mutter konnte ihre Miete bezahlen.

Doch wer hat den ersten Toffel tatsächlich erfunden und verkauft? Nicht einmal volkskundliche Forschungen haben zur genauen Entstehungsgeschichte geführt. Fest steht allerdings, dass die schwarz-klebrigen Pflaumenmänner eine Anspielung auf den Beruf des Schornsteinfegers sein sollten, da sächsische Waisenkinder einst als Essenkehrer arbeiten mussten. Schornsteinfegermeister konnten sich nach königlichem Erlass von 1635 einen Jungen zum Durchkriechen der engen Feueresse anstellen. Er kam geschickt und flink durch den Schornstein und galt als Glücksbringer. Wahrscheinlich erhielt das Kerlchen aus gebackenen Pflaumen deshalb die Namen „Backpflaumenessenkehrer" und „Pflaumenfeuerrübel". Die Bezeichnungen veränderten sich im Laufe der Zeit immer wieder. Aus dem „Pflaumenmännlein" wurde schließlich der „Pflaumentoffel". „Toffel" ist ein typisches sächsisches Wort für eine seltsame, komische, liebenswerte Figur. Sachsen nennen manchmal auch ihre Knirpse Toffel, wenn sie etwas Dummes angestellt haben. Wie der Name veränderte sich auch die Form des Pflaumentoffels. Er bekam eine Leiter in die Hand und einen Zylinder auf den Kopf. Manche Figuren tragen auch einen Besen – doch das weicht weit vom Original ab. Meist zieren elf Pflaumen den kleinen Mann, wobei jede Pflaume – damals wie heute – Glück verspricht. Im Januar sollte man die erste und im Dezember die letzte Pflaume des Toffels genießen. Im Dezember wird ein neuer Pflaumenmann besorgt und ruck-zuck werden alle Pflaumen in den Mund gestopft, ein weiterer Toffel ist für das neue Jahr vorgesehen.

Hergestellt und verkauft wurde das begehrte Männlein im 19. Jahrhundert oft von Mädchen und Jungen aus ärmeren Familien. Der Handel durch Kinder war ab 1904 bis 21 Uhr mit einer Erlaubnis der Schuldirektion gesetzlich gestattet. Carola von Wasa (1833–1907), Sachsens letzte Königin, war für ihre Güte hoch geachtet. Sie schickte Diener zum Striezelmarkt, damit sie den frierenden Kindern, die dort Pflaumentoffel anboten, alle abkauften. Manchmal besuchte Königin Carola sogar höchstpersönlich den Markt in Begleitung von Dienern und kaufte dort Weihnachtsbücher – und Pflaumentoffel. Ein Pflaumentoffel kostete wenige Pfennige.

Zur ersten Dresdner Weihnachtsmesse nach dem Zweiten Weltkrieg stürmten Tausende Menschen den Pflaumentoffelstand. Die wegen fehlender Backpflaumen aus Trockenpflaumen hergestellten Pflaumentoffel waren beliebt wie eh und je. Händler hatten sie und die Einzelteile wie Brettchen, Köpfe, Hüte, Leitern und Holzstäbchen unter großen Schwierigkeiten besorgt. Innerhalb kurzer Zeit waren 5.000 Exemplare verkauft. Pflaumentoffel stellten meist Frauen, „Pflaumentofflerinnen" genannt, in Heimarbeit her. Sie erhielten die nötigen Einzelteile wie Sockel, Stäbe,

Leiter, Backpflaumen, Kopf und Kragen und bauten diese dann zusammen. Oftmals wurden aber keine fertigen Toffel, sondern Beutel mit Einzelteilen angeboten. Daheim begann die Bastelei. In manchen Familien war die Weihnachtsdekoration erst dann komplettiert, wenn ein Pflaumentoffel aus Backpflaumen in der Runde der Nussknacker, Engel und Bergmänner stand.

1956 gratulierte der Pflaumentoffel den Jungen Pionieren zum achten Geburtstag. Dazu stand in der „Sächsischen Zeitung": „Da war doch der Toffel mit dem schönen roten Hut, der ganz rechts auf dem Ladentisch stand, umgefallen. Ein neugieriger Junge hatte ihn im Gedränge umgestoßen. Der ‚verletzte Toffel' stand nun ganz verunstaltet da, traurig seines Unglücks wegen und noch mehr darüber, dass der Drängler ein Junger Pionier mit blauem Halstuch war. Das konnte der Toffel nicht verstehen. Ihnen waren Junge Pioniere stets als achtsame und artige Kinder vorgestellt worden." Während der DDR-Zeit war die Pflaumentoffelbude immer dicht umlagert. Eine Prüfungskommission zeichnete diesen Stand wiederholt mit dem ersten Preis aus. Die Kommission vermerkte kritisch: „Beim privaten Handel sind wenig Anstrengungen zu sehen, dem Striezelmarkt durch gute Gestaltung zu einem besseren Aussehen zu verhelfen, trotz dem sich jeder Standinhaber laut Vertrag dazu verpflichtet hat." Die schönste Bude hatte die HO Lebensmittel Dresden-Süd gestaltet. Sogar der Titel „Pflaumentoffelkönig" wurde vergeben.

Nach der Wiedervereinigung lernten auch viele westdeutsche Besucher den „lieben, guten, alten Pflaumentoffel" kennen. Mehrere Buden präsentierten sie und angeregt von einem Ideenwettbewerb des Marktamtes wurden sogar Pflaumentoffelwaffeln, belegt mit Pflaumenmus und Sahne, zum Verkauf angeboten. Ein 2,5 Meter hoher Toffel steht vor dem Pflaumentoffelhaus, in dem Kinder so eine lustige Figur unter Anleitung selbst basteln können. Der Dresdner Pflaumentoffel, das kann man mit Fug und Recht behaupten, ist zu einem Wahrzeichen der sächsischen Landeshauptstadt geworden.

BAUERNREGELN

- Dezember klar mit Schnee, tut dem Ungeziefer weh.
- Ist der Dezember lind, ist der ganze Winter wie ein Kind.
- Ostwind und Vollmondschein – bringt strenge Kälte ein.
- Christmond nass – leere Scheunen, leeres Fass.
- Bringt der Dezember Kälte und Schnee ins Land, dann wächst das Korn selbst auf dem Sand.
- Ist die Christnacht hell und klar, folgt ein gesegnetes Jahr.
- Ist es grün zur Weihnachtsfeier, fällt der Schnee auf Ostereier.

„Knecht Ruprecht, Kind und Hündchen", Ludwig Richter.

NIKOLAUS KOMMT AUF LEISEN SOHLEN

Der heilige Nikolaus ist ein mehrfacher Schutzheiliger, über den mehrere Legenden im Umlauf sind. Am bekanntesten ist Nikolaus von Myra wohl als Patron der Kinder. Der griechische Bischof starb am 6. Dezember 345 in Kleinasien, der heutigen Türkei, was das Datum seines Gedenktages begründet. Mehrere sächsische Kirchen – so beispielsweise in Freiberg, Geyer, Aue und Leipzig – tragen den Namen „St. Nikolaus". Auch die Dresdner Kreuzkirche trug einst die Bezeichnung „St. Nicolai". Mit dem Nikolaustag ist viel Abergläubisches verbunden. Ratten sollen verschwinden, wenn man den Namen „Nikolaus" an die Tür schreibt. Wer zu Mitternacht auf einem Kreuzweg steht, dem kommt der Teufel entgegen. Er zeigt besondere Künste, die man jedoch geheim halten muss.

Im Mittelalter wurde am 6. Dezember unter den Schülern von Klosterschulen ein Kinderbischof gewählt, der für 24 Stunden die „Herrschaft" übernahm. Nikolaus bekämpfte das Böse und prüfte die Kinder nach ihrem Verhalten, Bestrafungen erhielten nur unartige Mädchen und Jungen. Die „guten Kinder" wurden mit Geschenken belohnt. Seit dem 16. Jahrhundert steckt Nikolaus kleine Gaben in die Schuhe. Zuvor soll Nikolaus den Leuten die Geschenke zugeworfen haben. Anlass hierfür war wiederum eine Legende, nach der Nikolaus drei armen Jungfrauen Geschenke zugeworfen hatte, die sie als sogenannte Mitgift für die Ehe verwenden durften. Die Menschen machten es Nikolaus nach und warfen nunmehr den Kindern Geschenke entgegen.

In Tschechien kommt der Nikolaus nicht wie in Deutschland am 6. Dezember, sondern am Abend des 5. Dezember. Erwachsene verkleiden sich als Nikolaus, Teufel oder Engel und ziehen so durch die Straßen. Sie erschrecken die Kinder ein wenig und beschenken sie mit kleinen Mitbringseln, Obst und Süßigkeiten. Zuvor fragt Nikolaus, der Chef des Trios, aber: „Waren die Kinder denn auch lieb und brav?" In Sachsen hingegen putzen Kinder und Erwachsene am Vorabend des Nikolaustages gründlich ihre Schuhe. Manche Kinder stellen alles verfügbare Schuhwerk, auch Pantoffeln und Badelatschen, vor die Tür. Nikolaus kommt in der Nacht auf leisen Sohlen, keiner sieht ihn. Er steckt dann unbemerkt den Kleinen und manchmal auch den Großen Süßigkeiten und andere Gaben in die Schuhe. Wer dumme Streiche getrieben hat oder immerzu ein Frechdachs war, geht leer aus – oder im Schuh stecken Kohlen und Kartoffeln als Warnung! In den Schuhen des Reformators Martin Luther soll sogar eine Rechnung gesteckt haben.

KNECHT RUPRECHT

Die Rolle des Nikolaus' übernimmt mancherorts Knecht Ruprecht, beispielsweise in den Orten um Lengefeld (Vogtland). Dort taucht der „Rupperich" schon vor Weihnachten in altem, zottigem Schafspelz auf. Er trägt einen weißen Bart, Pelzmütze, Sack und Rute und macht sich mit einer Glocke bemerkbar. Oftmals ist Ruprecht in Begleitung eines Engels. Er lässt sich gern ein Lied vorsingen. Die Kinder tun ihm meist diesen Gefallen oder tragen ein nettes Gedicht vor. Nach seinem Weggang spotten die größeren Kinder:

> *Ruprecht, Ruprecht, Besenstil,*
> *deine Kinder fressen viel.*
> *Jeden Tag ein ganzes Brot,*
> *morgen früh sind alle tot.*

> *Ruprecht, Ruprecht böser Mann,*
> *guck mich nicht so finster an.*
> *Haste was, dann setz dich nieder,*
> *Haste nichts, dann geh gleich wieder.*

„Knecht Ruprechts Ankunft", Ludwig Richter.

Knecht Ruprecht war da
HEDWIG KAUPISCH

Hört, gestern Abend, so gegen sieben
Mutter war grad beim Kaufmann drüben,
da polterts doch draußen die Treppe herauf
und pocht an die Tür und reißt sie auf.

Knecht Ruprecht wars. Er kam herein,
und denkt euch: Ich war ganz allein.
Gleich brummte er etwas wie „Weihnachtslieder!"
Da rutschte ich flink vom Stuhle nieder
und sang das Lied von der Stillen Nacht,
da hat er aber Augen gemacht.

Er schenkte mir Nüsse und Pfefferkuchen
und brummte: „Dich werd ich noch mal besuchen.
Leb wohl, grüß Vater und Mutter schön",
ich sagte fröhlich: „Auf Wiedersehn."

PYRAMIDEN MIT LANGER TRADITION

Die typische erzgebirgische Weihnachtspyramide hat eine über 200-jährige Geschichte. Bevor in der Lausitz das Aufstellen des Christbaums ein üblicher Weihnachtsbrauch war, war dort die Tradition gepflegt worden, eine Stabpyramide aufzubauen. Als weitere Vorläufer der Drehpyramide sind der bayrische Klausenbaum und der Thüringer Reifenbaum zu nennen. An einer senkrechten Achse waren mehrere hängende Reifen übereinander angeordnet, die aus Reisig, Moos und Preiselbeeren gefertigt waren. Der Drehbaum stammte aus dem Spreewald. Er bestand aus einem Holzgestell und wurde mit bunten Glaskugeln, Papierstreifen und Perlenketten geschmückt. Auf dem Gestell lagen weiterhin Äpfel, Süßigkeiten und Weihnachtsgebäck.

Im 16. Jahrhundert wurden im Erzgebirge die bergmännischen Handsteine bekannt. Auf den Stufen der 20 bis 40 Zentimeter hohen Steine standen verschiedene Figuren. Zur Blütezeit des Silber- und Zinnbergbaus stellten die Bergleute vor allem ihre Arbeit in mechanisch bewegten Szenen dar. Um dieses Wirrwarr von Walzen, Rollen, Hebeln, Drähten und Fäden agieren die kleinen Figuren. Als der Zinnbergbau zurückging, wurden viele Bergmänner Spielzeugmacher. Später fertigten sie die typischen Weihnachtsfiguren an.

Die erste hölzerne Freilandpyramide wurde 1933 in Frohnau bei Annaberg-Buchholz eingeweiht. Der hiesige Schulchor und zwei weitere Gesangvereine trugen zu diesem Anlass Berg- und Weihnachtslieder vor. Die Idee einer „Pyramide für alle" war schon einige Jahre zuvor geboren worden, sie stammte vom letzten Frohnauer Steiger. Doch erst nach dem Tod von Traugott

Pollmer wurde die Idee vom Schnitzerverein verwirklicht. Leider wurde die Pyramide direkt neben dem Frohnauer Hammer bereits zwei Jahre nach der Einweihung wieder abgebaut. Ein Grund hierfür könnte die berufliche Versetzung des Vorsitzenden des Schnitzervereins gewesen sein. Er nahm bei seinem Wegzug aus Frohnau die geschnitzten Figuren wieder von der Pyramide. Weitere Schnitzer folgten leider seinem Beispiel. Die vierstöckige, fünf Meter hohe Pyramide wurde elektrisch betrieben. Auf der unteren Etage drehten sich Kamele, auf der zweiten waren die Geburt Christi und die Heiligen Drei Könige dargestellt. Weiterhin drehten sich Hirten mit ihren Schafen. Die vierte Etage war dem Bergbau gewidmet.

In vielen Orten des Erzgebirges stehen wunderschöne Pyramiden wie in Schwarzenberg. Bedauerlicherweise wüteten in den letzten Jahren mehrfach Vandalen im Weihnachtsland. Auch die Schwarzenberger Pyramide zählt zu den Opfern. Ihr wurden mehrere Figuren gewaltsam entrissen. Mit den Kulturgütern spielten die Räuber offenbar Fußball. In Zschorlau bei Aue rissen Randalierer die 30 Kilogramm schwere Figur eines Hirten vom Drehteller. Drei Bergmänner wurden in Freiberg aus der Verankerung der Pyramide gehoben und zerstört, die Krippe und das Jesuskind wurden beschädigt.

Auf dem Striezelmarkt wurde 1977 eine sieben Meter hohe erzgebirgische Stabpyramide errichtet. Auf vier Etagen drehten sich Eisenbahn, Postauto, Bauern, Tiere und schließlich ganz oben beliebte Kasperlemotive aus dem Spielzeugland Seiffen. Das Material der Pyramide war nicht Holz, sondern Polyurethan, ein Kunststoffprodukt. Ab 1988 schmückte eine neue Pyramide den Altmarkt. Die Stufenpyramide war acht Meter hoch und hatte 75 Spielzeugfiguren, die später durch christliche Figuren ersetzt wurden. 1997 wurde für den Striezelmarkt eine modernisierte Stufenpyramide von 14,48 Meter geschaffen, die private Händler und Unternehmen gesponsert hatten. Diese weltgrößte erzgebirgische

Seiffener Weihnachtsberg.

Stufenpyramide findet im Guinnessbuch der Rekorde Erwähnung. Bei einer Nachmessung stellten Prüfer sogar eine Höhe von 14,68 Meter fest. Engel, Bergmänner, Kurrende-Sänger – insgesamt 43 Figuren sind auf der Großpyramide zu sehen. Auch der traditionelle Striezelmarkt ist mit einem Stollenbäcker und den Striezelkindern auf dem Kunstwerk dargestellt. Striezelkinder schuf übrigens der Spielzeugmacher Max Schanz aus dem Erzgebirge Anfang der 1930er-Jahre, 1937 erhielten die Holzfiguren auf der Weltausstellung in Paris eine Goldmedaille. Den Abschluss der Pyramide bildet eine Miniaturkuppel der Frauenkirche. Ein Höhepunkt des Marktes ist alljährlich das Pyramidenfest.

Heute gibt es unterschiedlichste Pyramidenformen: Baum- und Waldpyramiden, geschnitzte Hängeleuchter mit Pyramiden, Miniaturpyramiden in Nussschalen oder Tischpyramiden aus Glas, Pappe und Metall. Ein Bäcker aus Sehma stellte einen Drehturm aus Waffeln, Marzipan, Napfkuchen und Zuckerguss her. Eine außergewöhnliche Idee hatte auch Dietmar Prapst aus Heidenau. Er platzierte eine Kurrende in eine leere Kaffeesahneflasche und bastelte Lichter und Flügel darauf. So entstand seine erste Flaschenpyramide.

„Das Christkindchen", Ludwig Richter.

O Tannenbaum

Schon um 1550 entstand der Text zu „Ach Tannenbaum", der vor allem in Schlesien gesungen wurde:

> O Tanne, du bist ein edler Zweig,
> du grünst Winter und die liebe Sommerzeit.
> Wenn alle Bäume dürre sein,
> so grünest du, edles Tannenbäumelein.

Aus „Ach Tannenbaum" wurde später ein tragisches Liebeslied: „Ach Mägdelein, ach Mägdelein, wie falsch ist dein Gemüte …" Letztendlich fügte der Leipziger Lehrer Ernst Anschütz (1780–1861) den weihnachtlichen Text des Liedes hinzu, der nun seit fast 200 Jahren gesungen wird. Sogar im fernen Korea ist das Lied mit einem koreanischen Text zum Ohrwurm geworden. Vor allem Kinder scherzen manchmal und singen: „O Tannenbaum, der Weihnachtsmann kommt Äppel klaun", „O Tannenbaum, die Oma sitzt im Kofferraum" oder „O Tannenbaum, schieß Purzelbaum". Solche Texte hört der Weihnachtsmann bei der Bescherung allerdings gar nicht gerne.

Der sächsische Autor schrieb im Übrigen auch die Verse zu dem Kinderlied „Fuchs, du hast die Gans gestohlen." Und irgendwie gehört die Gans ja auch zum Weihnachtsfest.

O Tannenbaum
ERNST ANSCHÜTZ

O Tannenbaum, O Tannenbaum,
wie treu sind deine Blätter!
Du grünst nicht nur zur Sommerzeit,
nein, auch im Winter, wenn es schneit.
O Tannenbaum, o Tannenbaum,
wie treu sind deine Blätter!

O Tannenbaum, O Tannenbaum,
du kannst mir sehr gefallen.
Wie oft hat nicht zur Weihnachtszeit
ein Baum von dir mich hoch erfreut!
O Tannenbaum, O Tannenbaum,
du kannst mir sehr gefallen.

O Tannenbaum, O Tannenbaum,
dein Kleid will mich was lehren:
Die Hoffnung und Beständigkeit
gibt Kraft und Trost zu jeder Zeit,
O Tannenbaum, O Tannenbaum,
dein Kleid will mich was lehren.

Schokobrezeln

Zutaten (für 30 Brezeln)

200 G	MEHL
100 G	ZUCKER
100 G	BUTTER
1 PKG.	VANILLEZUCKER
2 EL	KAKAO
	MILCH NACH BEDARF, FALLS DER TEIG ZU FEST IST SALZ

Zubereitung

Die Zutaten werden zu einem festen Teig verknetet, der Teig wird in Frischhaltefolie gewickelt und zwei Stunden kühl gestellt.

Mit einem Esslöffel wird eine Teigportion zu einer Kugel geformt und dann auf einer leichten Mehlfläche als Schlange ausgerollt. Der Teig muss in der Mitte etwas dicker sein als am Rand.

Brezeln auf das mit Backpapier belegte Backblech legen und bei 175°C ca. 10 bis 15 Minuten lang backen.

Zubereitungszeit

ca. 30 Minuten

WEIHNACHTSZIRKUS

Warum das ganze Theater um Weihnachten, warum der ganze Zirkus, fragen sich einige Weihnachtsmuffel. Diesen Miesepetern sei gesagt, dass man sich im Weihnachtsmonat auf vielfältige Weise entspannen kann. Damit ist nicht das Einkaufen, Backen oder Basteln gemeint, sondern der Besuch von Veranstaltungen. Kein anderer Monat bietet vielerorts so viele kulturelle Angebote wie Puppenspiele, Lesungen, Konzerte oder Ausstellungen. Und dann gibt es tatsächlich noch den Weihnachtszirkus. Europaweit existieren 600 und in Deutschland allein 30 Weihnachtszirkusse. Auch in Sachsen ist Zirkus angesagt. Im Dresdner Zirkuszelt von Müller Milano purzeln Clowns kopfüber in die Manage, Affen

„Mutter mit dem Kind und Hirten bei Nacht", Ludwig Richter.

machen Faxen, Elefanten können zählen und Knirpse halten sich vor Lachen den Bauch. Jedes Jahr steht ein neues Programm auf dem Spielplan und jedes Jahr sind neue talentierte Künstler dabei. Vor allem Profis aus Tschechien, der Ukraine, Russland oder Ungarn zeigen fantastische Leistungen. Der Dresdner Weihnachtszirkus hat, so kann man sagen, ein Stammpublikum, weshalb die Zirkusgruppe gern in die Weihnachtshauptstadt einkehrt.

Neben dem Weihnachtszirkus gastiert im Winterhalbjahr auch noch Sarasani mit seiner Gruppe in Dresden. Das Unternehmen hatte am vierten Advent 1912 im größten festen Zirkusbau Europas seine Dresdner Premiere. Das Publikum strömte massenhaft in den exklusiven Festbau und erlebte den ersten Weihnachtszirkus. So eine fantastische Schau hatte das Dresdner Publikum noch nie erlebt. Das pompöse Gebäude ging während des Zweiten Weltkrieges in Flammen auf, das Unternehmen verließ Dresden und kehrte erst nach der Wiedervereinigung in die Elbestadt zurück. Der junge André Sarrasani übernahm mit 28 Jahren die Verantwortung als Zirkusdirektor. Er selbst ist Illusionskünstler und weiß, wie man mit Löwen umzugehen hat. In seinen Programmen werden junge Talente mit Beifallsstürmen bedacht. Mehrere Artisten und Sänger haben den Sprung ins Zirkuszelt geschafft. Karten für die Trocadero-Show sind zudem beliebte Weihnachtsgeschenke.

Im Winter 1912, 1929 und 1963 konnte man über die zugefrorene Elbe spazieren.

EINE ROSE ZUR WEIHNACHTSZEIT

Die Christrose hat ihren Ursprung in den Alpen und den Karpaten und wird manchmal auch als „Weihnachtsrose" oder „Schneerose" bezeichnet. Sie ist dank gärtnerischer Meisterleistung zu einer Zierde im Weihnachtsmonat geworden. Der Name „Rose" ist eigentlich nicht korrekt, da es sich hierbei um ein Hahnenfußgewächs handelt. Sie gilt auch als Orakelblume. Mancherorts werden in der Heiligen Nacht zwölf Blütenknospen in eine Wasserschale gegeben. Jede Knospe steht für einen Monat im kommenden Jahr und deutet auf das Wetter hin. Öffnen sich die Knospen, ist gutes Wetter angesagt, bleiben sie geschlossen, wird es leider nicht schön. Die sagenumwobene Blume wurde sogar als Schnupftabak verwendet, so machte der „Schneeberger Schnupftabak" im Erzgebirge von sich reden. Dichterfürst Goethe genoss ohne ärztlichen Rat den Nieswurz und stellte fest: „Welch ein Gedränge nach diesem Laden! Wie emsig wägt man, empfängt das Geld, reicht man die Ware dann. Schnupftabak wird hier verkauft. Das heißt, sich selbst erkennen. Niesenwurz holt sich das Volk ohne Verordnung vom Arzt!"

2012 erinnerte die Dresdner Oberbürgermeisterin Helma Orosz in ihrer Weihnachts- und Neujahrsrede an die Christrose. „Ein armer Hirte aus Bethlehem wollte den neugeborenen Jesus besuchen. Es war aber mitten im Winter, sodass er keine Blume fand, die er dem Kinde hätte schenken können. Er weinte bitterlich. Aus seinen Tränen wuchs plötzlich eine Blume mit schneeweißen Blüten – die Christrose. Überglücklich pflückte sie der Hirte und brachte sie dem Christkind. Ja, die Christrose ist eine besondere Rose. Sie blüht im Dezember, wenn alles um sie herum im Winterschlaf ruht. Und deshalb ist diese Blume auch als ‚Hüterin des

Lebens' bekannt. Sie trägt Hoffnung in sich. Die Christrose passt zu unserer Stadt, denn Dresden erblüht als wachsende Stadt und trägt viel Hoffnung in sich. Unsere Stadt ist genauso außergewöhnlich wie die Christrose."

„Ehre sei Gott in der Höhe", Ludwig Richter.

KNACKIGES AUS DEM NUSSKNACKERLAND

Der Nussknacker ist einer der beliebtesten Figuren, die man zur Weihnachtszeit in der „guten Stube" oder im Büro findet. Mitunter stehen ein halbes Dutzend und manchmal sogar noch mehr in Reih und Glied auf der Kommode oder in der Schrankwand. In Neuhausen befindet sich das „Nussknackermuseum" mit Deutschlands umfangreichster Sammlung, darunter der weltkleinste und der weltgrößte funktionstüchtige Holznussknacker! Am 1. Juli 1994 erhielt das Museum offiziell den Namen „Erstes Nussknackermuseum Europas". Was für ein wichtiger Tag für die Familie Löschner, die wohl kompetentesten Nussknackerspezialisten Sachsens. Das zeit- und kostenaufwendige Hobby des Maschinenbaumeisters Jürgen Löschner wurde nun der Öffentlichkeit präsentiert und Sohn Uwe wurde zum „Direktor" des Privatmuseums. Er frohlockt: „Unsere Sammlung mit den großen und kleinen Schätzen fand internationale Anerkennung. Für unseren Ort wurden die finster oder fröhlich blickenden Nussknacker zum touristischen Anlaufpunkt. Auch über das Internet sind mittlerweile Infos über dieses Museum zu erfahren." Nicht nur zur Weihnachtszeit strömen die Besucher aus aller Welt in das beliebte Minimuseum nahe der tschechischen Grenze. Mitunter kommen Asiaten nach Neuhausen und fangen Schnappschüsse ein, die erzgebirgischen Motive haben es ihnen besonders angetan. Groß ist auch die Anzahl der amerikanischen Touristen. Reisegruppen kommen en masse in das einzigartige Museum. Jährlich staunen mehr als 25.000 Besucher über diese kuriose Sammlung, über Dagobert-, Micky-, Goofy- oder Donald-Duck-Figuren. Täglich kommen neue Knacker dazu, einer ist schöner als der andere. Rund 5.500 größtenteils bärtige und funktionstüchtige Gesellen stehen im Nussknackerhaus. Um die Nussknackerfreunde zu erfreuen, stehen Löschners mit 75 Sammlern und 100 Herstellern in engem Kontakt. Wer etwas zur Nussknackergeschichte erfahren möchte, kann sich vertrauensvoll an Familie Löschner wenden. Gabriele Löschner, die Mutter des Museumschefs, erinnert sich: „Es ist schon ein prickelndes Gefühl, immer wieder neue Nussknacker aufzutreiben, zu DDR-Zeiten war das keine einfache Angelegenheit! Nun sind Knacker sogar in Antiquariaten zu erwerben."

Vater und Sohn schufen den größten Holznussknacker der Welt, ursprünglich war der Riese 3,86 Meter groß. Doch das reichte den „Nussknackern aus Neuhausen" nicht – ein noch größeres Exemplar erblickte das Licht der Welt. Es wiegt sage und schreibe über eine Tonne und hat die stattliche Größe von 5,87 Meter. In diesem Knacker stecken 1.185 Stunden mühevolle Arbeit und 3,8 Kubikmeter Fichtenholz. Der typische Nussknacker aus dem Erzgebirge steht seit dem 14. Juli 1997 vor dem Museum, weil er nicht in das Haus passte. Natürlich ist dieser weltgrößte Koloss auch im Guinnessbuch der Rekorde aufgenommen worden. Uwe Löschner, Häuptling der Nussknacker, erklärt: „Einst wurden die harten Nüsse mit einfachen Schlagwerkzeugen zertrümmert. Grabfunde belegen, dass die Römer bereits um 400 v. Chr. kunstvoll verzierte Bronzegriffe benutzten. Um 1650 wurden Nussknacker im Berchtesgardener Land hergestellt. Im Nachbarort Seiffen schuf Wilhelm Friedrich Füchtner mit dem gedrechselten und bunt bemalten König den populären Nussknacker des Erzgebirges." Aus der Sammlung Füchtner stammt auch das älteste Exemplar, ein Polizist aus dem Jahre 1870. Alterspräsident der Nussknacker ist inzwischen ein 300 Jahre alter Förster aus der Schweiz mit Zähnen aus Elfenbein. Im „Ersten Nussknackermuseum Europas" haben sowohl Knacker aus der Füchtner-Werkstatt als auch alte Hebelwerkzeuge, Nussbrecher und -zangen ihren ehrwürdigen Platz. Als Nussknacker tauchen Soldaten in Kampfuniformen, Jäger, Waldgeister, Lehrer, Räuber, Indianer, Teddys, Katzen und sogar Osterhasen auf ... Auch Max und Moritz schmunzeln die Besucher an, zu bewundern sind zudem das Phantom der Oper, Achim Mentzel, die Randfichten usw. Es gibt Knacker aus Metall, Glas, Bleikristall, Porzellan, massivem Silber sowie, man höre und staune, aus Schokolade. Eine weitere Rarität sind die Winzlinge. Das kleinste Kerlchen ist gerade einmal sieben Millimeter groß und kann sogar Nüsschen knacken. Eine Lupe ist erforderlich, um das Kleinod genau betrachten zu können.

Weihnachten auf dem Fansterbrattel

In den meisten Familien stehen die Weihnachtsfiguren in der Adventszeit in einer Vitrine oder auf der Schrankwand. Im Erzgebirge ist auch das „Fansterbrattel" ein beliebter Ort für Engel, Bergmänner oder Schwibbögen, da jede Wohnung Doppelfenster hatte und die Zwischenräume auf dem Fensterbrett im Winter mit Waldmoos ausgelegt wurden. Das Moos war schon beizeiten aus dem Wald besorgt worden und das beste und schönste Moospolster wurde schließlich zwischen die Doppelfenster getan. Die „Leitl" schauten sich dann von Haus zu Haus die Dekorationen an, man schaute den anderen sozusagen ins Fensterle.

Auerbach im Erzgebirge hatte meist die schönsten „Fansterbrattel" und wurde sogar „Fansterbratteldorf" genannt. Teilweise waren über 100 Fansterbrattel kunstvoll mit Moos ausgelegt. Dieser alte Weihnachtsbrauch hat sich bis heute erhalten. Auf die Moospolster werden kleine selbst geschnitzte Bänke gesetzt und auf die „Bänkl" kommen Miniaturfiguren, kleine Häusel, Bäumel, Pferdewage, das Kirchel. Ein Auerbacher Lehrer schrieb sogar ein Lied, dass diesen Anblick liebevoll ausdrückte: „Bleib an manchen Fenster stehn, ach, wie ist das schön!" – „Bleib an manning Fanster stieh, ach wie siehts do schie!" Ergänzt wurden die Minifiguren durch Pyramiden und Lichterketten.

Es ist ein Ros entsprungen

Es ist ein Ros entsprungen
aus einer Wurzel zart,
wie uns die Alten sungen,
von Jesse kam die Art
und hat ein Blümlein bracht
mitten im kalten Winter
wohl zu der halben Nacht.

Das Röslein, das ich meine,
davon Jesaia sagt,
hat uns gebracht alleine
Marie, die reine Magd.
Aus Gottes ewgem Rat
hat sie ein Kind geboren
wohl in der halben Nacht.

Das Blümelein, so kleine,
das duftet uns so süß
mit seinem hellen Scheine
vertreibts die Finsternis.

Oh Jesu, bis zum Scheiden
aus diesem Jammertal.
Lass dein Hilf uns geleiten,
hin in der Engel Saal
in deines Vaters Reich.
Da wir dich ewig loben
O Gott, uns das verzeih.

Von diesem bekannten Weihnachtslied gibt es eine katholische und eine protestantische Variante. Die ersten zwei Strophen wurden bereits 1599 und 1609 verfasst. Besonders die erste, katholische Strophe ist zunächst etwas rätselhaft. Ist mit dem Begriff „Ros" eine Blume, vielleicht die Christrose, gemeint? In der zweiten Strophe von Michael Praetorius wird das Rätsel gelöst: Marie ist der Rosenstock und das Blümchen steht symbolisch für Jesus Christus. Die weiteren drei Strophen des Liedes sind ebenso wie die zweite protestantisch geprägt, diese Zeilen schrieb der Pfarrer Friedrich Layriz 1844, der von 1808 bis 1859 lebte und in Leipzig Theologie studierte.

Bergaufzüge im Weihnachtsmonat

Der Bergaufzug ist ein seit 1494 bekannter Brauch. Damals wurde den Bergleuten der Wochenlohn gekürzt, was einen Aufzug der Männer zur Folge hatte. Noch heute wird der Bergaufzug begangen, für den jede Bergstadt einen bestimmten Termin hat, damit keine Überschneidungen zustande kommen. Schneeberg feiert den Aufzug immer am zweiten und Annaberg-Buchholz am letzten Adventssonntag. Der Letztere ist der bekannteste Bergaufzug.

Die schmucken Uniformen verraten hierbei die Rang- und Reihenfolge der Kumpel. Der „Bergmeister" gilt als der „Chef". Seinen Hut, gekrönt mit dem Schwarz-Gelb der sächsischen Bergleute, schmücken eine doppelte Mauerkrone und die Kokarde des sächsischen Wappens. Seinen Rang unterstreichen Goldborten an den Ärmeln, zwei Goldknopfreihen und ein feiner Spitzenkragen. Der Bergmeister trägt in der rechten Hand das Steigerhäkel und in der linken Hand den Säbel. Weiße Gamaschen sind seitlich mit Goldknöpfen verziert. Der Knappschaftsälteste trägt einen schwarzen Federstutzen und auf dem Hut die mit Eichenlaub eingefassten Schlegel und Eisen. Seine Ärmel haben keine goldenen, sondern schwarze Tressen. Die weiße Fahrhaube unter der Kappe ist zum

Abwischen des Schweißes bestimmt und die rund geschnittene Jacke gibt den Blick auf die weiß-goldene Weste frei. Der Älteste gilt als das Bindeglied zwischen Bergobrigkeit und Bergvolk. Er sorgte einst für die Arbeitszeiten und die Beerdigungskosten. Die Häuer schultern beim Aufzug eine Axt sowie Bergsäbel und Steigerhäkel. Da ihnen das Hauen des Erzes unterlag, tragen diese Bergleute beim Umzug weder Mauerkrone, Federstutzen, Spitzenkragen noch schmucke Gamaschen. Auffällig zeigen die Häuer ihr Arschleder, einen Hosenschutz, der bei der Arbeit getragen wurde. Die Steiger beaufsichtigten die Häuer und waren für die Sicherheit verantwortlich. Die Steigeruniform ist an den Ärmeln mit Goldknöpfen versehen, ansonsten hat die Uniform einen einfachen Spitzenkragen und nur eine Knopfreihe. Der grüne Schachthut weist auf die Untertagearbeit hin. Der Bergschmied dagegen arbeitete über Tage und schärfte die Werkzeuge. Über der Schulter trägt der Bergschmied einen Schmiedehammer. Sein weißer Kittel steht symbolisch für das lodernde Schmiedefeuer. Er ist mit roten Manschetten geschmückt. Die Farben der Fahnen sind ebenso wie die der Trachten von Bergrevier zu Bergrevier unterschiedlich. Alle verwenden jedoch einen einheitlichen Gruß und dieser heißt: „Glück auf!"

Der Sitz des Landesverbandes der Bergmänner-, Hütten- und Knappenvereine ist in Freiberg. Er verweist auch darauf, dass es zu den Paradeaufzügen eine Paradeordnung gibt. So dürfen bei den Umzügen keine Regenumhänge, Schirme, Turnschuhe oder Abzeichen getragen werden, weiterhin besteht Rauch- und Alkoholverbot. Im Verein dürfen die teilnehmenden Frauen in historischer Kleidung die Anzahl der Träger in historischen Paradeuniformen nicht überschreiten. Darüber hat sich aber in den letzten Jahren manche Streitigkeit aufgetan. So bemängelten erzgebirgische Frauen, dass ihnen die Teilnahme an den Umzügen wegen fehlender Erzgebirgstracht verwehrt wurde. Allerdings existierten keine Bergfrauen, sondern nur Frauen von Bergmännern, sodass meist nur Männer durch die Stadt marschieren und Frauen sich das Spektakel vom Straßenrand aus anschauen. Die Paradeordnung legte auch fest, dass keine Paraden in Städten ohne Bergbautradition erlaubt sind. In den Städten Chemnitz und Leipzig finden trotzdem in der Adventszeit zünftige Bergparaden statt, obwohl dort nie Bergbau betrieben wurde. Die Städte und Sponsoren zahlen den Mitwirkenden eine Aufwandsentschädigung und profitieren von den Einnahmen der zahlreichen Besucher. Ausnahmen sind also immer wieder möglich. Dresden hat die Bergaufzüge derweil eingestellt, doch sie sind wieder vorgesehen, wenn es die örtlichen Gegebenheiten erlauben.

„Vom Schlitten gefallen", Ludwig Richter.

DIE RAACHERMANNEL

Neben Nussknackern gehören Räuchermänner zur beliebten Weihnachtsdekoration. In Seiffen steht die Wiege des „Raachermannel". Der Brauch des Räucherns stammt aus dem Altertum, mit wohlriechendem Duft sollten böse Geister vertrieben werden.

Die dazugehörigen Räucherkerzen kommen unter anderem aus Crottendorf im Erzgebirge. Mönche aus dem Grünhainer Kloster stellten um 1750 derartige Duftstoffe in Pulverform her. Die Crottendorfer verdienten mit den Qualmmachern ihren Lebensunterhalt. Nach dem Krieg schickten sowjetische Soldaten Pakete in die Heimat. In manchen Päckchen waren Räucherkerzen. Die Bekannten der Soldaten bedankten sich für die Pakete, schrieben aber: „Die kleinen Stücke schmecken aber gar nicht gut!"

Heute sind die kleinen braunen, schwarzen oder roten Kegel Exportartikel, sie werden sogar in Kanada und Australien verkauft. Die Farbe der Kegel verrät die Duftnote: Schwarze Räucherkerzen duften nach Weihrauch, grüne nach Fichtennadel, rote, blaue und gelbe nach Rosen, Flieder und Jasmin. Ein weiterer Räucherkerzenhersteller ist die Firma Knox in Mohorn unweit von Dresden. Die „älteste deutsche Räuchermittelfabrik" hatten eine 800 Millimeter hohe Riesenräucherkerze produziert, mit der die Hersteller der sächsischen Landeshauptstadt zum 800. Jubiläum gratulierten. Gleichzeitig ist sie wieder etwas für das Guinnessbuch der Rekorde! Weiterhin gehört die Riesenräucherkerze nun zum festen Markenzeichen des Dresdner Striezelmarktes. Wie der gigantische Duftkegel zusammengebastelt wurde, liegt unter strengster Geheimhaltung. Früher soll der Qualm gegen Keuchhusten, Asthma oder Mückenstiche geholfen haben, heute duften die Kegel nach Weihnachten … Solange kein Rauchverbot für Räuchermänner und Räucherfrauen besteht!

MOOS- UND ZUCKERMÄNNEL
SCHAUEN AUS DEM WEIHNACHTSFENSTER

Kleine Moosmänner im grünen Rock, mit Stiefel und einem großen Hut, Pfeife oder Wanderstock kommen aus dem Vogtland.
Sie schleppen oft einen Pilzkorb oder ein Holzbündel. Außer den
Moosmännel erblickten auch schon Moosfrauen das Licht der
Welt. Man bezeichnete die kleinen Leute als Waldgeister, die unter
Bäumen leben. Drohte den Menschen Not und Elend, verwandel-
ten sie welke Blätter in Gold. Die Sagengestalt des Moosmännels
verehren die Vogtländer noch heute. Er ist ab dem ersten Advent
auf den Fensterbänken des Vogtlandes zu entdecken. Die eigen-
willige, unförmige Weihnachtsfigur steht auf einem einfachen
Holzgestell. Angenagelt wurden Arme, Füße, Hände und Kopf.
Die mit Moos beklebten Männer tragen in einer Hand einen
Stock und in der anderen Hand eine Kerze. Moosmänner sollen
einst vor „Firlefanzgeschenken zu Weihnachten" gewarnt haben
und schauen auch heutzutage noch aus dem Fenster, damit nur
nette Gaben und keine bösen Geister im Haus landen. Seit einigen
Jahren nimmt das Moosmännel an Festumzügen in Plauen teil.
Aufgerufen zu diesem vorweihnachtlichen Spaß haben Männer,
die sich gern verkleiden.

Ein Bäcker namens Salomi Günnel soll das Zuckermännel
erfunden haben. Er hatte um 1800 die Dorfbäckerei in Werda
übernommen und erstmals ein sogenanntes Bildergebäck fabri-
ziert. Es entstanden Vögel, Hasen, Trompeten, Weibl und Männel.
Der Teig besteht aus Mehl, Eiern, Wasser und Milch. Aus den
Zutaten wird ein rollfähiger Teig bereitet und dünn ausgewalzt.
Daraus sticht man die weißen Figuren aus, die danach im Ofen
durchgebacken werden müssen. Bemalt werden die Zuckermännel

mit roter und grüner Farbe, den Farben des Vogtlandes. Die Zuckermännl sind mit Punkten, Strichen, Kringeln und Wellenlinien verziert. Mitunter werden sie auch mit einem Spruch geschmückt. Das Gebäck ist bis heute ein beliebter Weihnachtsbaumschmuck in vielen Familien.

„Eine Frage", Ludwig Richter.

MODELLEISENBAHNEN IN DER WEIHNACHTSZEIT

Schon vor dem Zweiten Weltkrieg trafen sich im Dresdner „Luisen-hof" regelmäßig Modellbahnfreunde. Hansotto Voigt, ehemaliger Besitzer des Ausflugslokales, war ein begeisterter Liebhaber von Modelleisenbahnen und Initiator der Treffen. 1947 gründete er mit weiteren Interessenten die Modellbahngruppe Dresden. Schließlich war die Möglichkeit gegeben, zur Weihnachtsmesse in der Nord- bzw. Stadthalle (heute „Militärhistorisches Museum der Bundeswehr") eine Großanlage aufzubauen. Die Modell-eisenbahnanlage im Obergeschoss der Halle war eine Attraktion. Kinder und Erwachsene drängelten sich zur Absperrung, um die elektrischen Kleinbahnen bei ihrer Fahrt durchs Weihnachtsland zu bewundern. Mancher Kinderwunsch war damals der Besitz so einer Bahn. Doch das ließ sich bekanntlich in der Nachkriegszeit kaum oder nur unter schwierigen Umständen ermöglichen. Mit-unter schenkte der Weihnachtsmann erst einmal eine Aufzieh-eisenbahn. Nach und nach kam die elektrische Anlage in die Wohnstube oder in das Kinderzimmer.

Mit dem Ende der Weihnachtsmesse in der Nordhalle bekam die Modellbahngruppe ein neues Zuhause. Dafür vorgesehen war der ehemalige Königstunnel im Bahnhof Dresden-Neustadt. Hier hatte sich einst das „Sächsische Eisenbahnmuseum" befunden. Unter-stützung erhielt die Gruppe von der Leitung der Deutschen Reichs-bahn. Nach der Sanierung der Bahnhofsräume konnte endlich eine Modellgroßanlage in Angriff genommen werden. Hansotto Voigt erstellte einen Gleisplan und organisierte Gleismaterial. 1953 fand dann die erste Ausstellung der Modellbahngruppe statt. Sie trug spä-ter den Namen „MEC Max Maria von Weber". Modelleisenbahnen gehören noch immer zu den beliebten Weihnachtsgeschenken und viele junge und alte Eisenbahnfreunde besuchen im Advent gerne eine der zahlreichen sächsischen Bahnausstellungen.

BERGBIER VOR DER BERGMETTE

Bereits im 14. Jahrhundert feierten Bergmänner aus dem Erzgebirge am Tag vor Heiligabend die Mettenschicht. Am letzten Arbeitstag vor dem Weihnachtsfest wurden abschließende Handgriffe unter Tage erledigt, dann setzten sich die Männer im Stollen gemütlich zusammen. Allerdings war das Trinken von Alkohol verboten und sogar ein Kündigungsgrund. Deshalb verlagerte man die Feierlichkeiten früher oder später nach oben in die Steigerstube. Dort wurde die eigentliche Mette, der Frühgottesdienst, abgehalten. Der Steiger, die Aufsichtsperson im Bergwerk, übernahm die Rolle des Pfarrers und erinnerte in seiner Ansprache an besondere Ereignisse im vergangenen Jahr, gedachte verstorbener Kumpel und bat um den Bergsegen für das kommende Jahr. Oftmals wurde Gott in Versen lobgepriesen:

> *Herr, tu bald ein Klüftlein auf,*
> *und gib Erz, einen ganzen Hauf.*
> *So wolln wir, Herr, mit ganzem Fleiß,*
> *dir singen stets Lob, Ehr und Preis.*

Licht spielte bei dieser Zeremonie eine wichtige Rolle. Eine „Bergspinne", ein langes Grubenholz, auf dem Kerzen leuchteten, wies auf die Ankunft des Gottessohnes hin. Später erhellten Schwibbögen die Steigerstube. Nach der Mette verteilte der Steiger kleine Geschenke und der „Bergschmaus" begann. Nun durfte auch offiziell Bergbier getrunken werden. Die spätere Bergmette in der Kirche hielt der Pfarrer. Manche Prediger klagten über ruhestörende Bergleute, die nicht mehr ganz nüchtern waren und der Andacht nur beiläufig lauschten oder sogar einschliefen.

Der Pfarrer in Johanngeorgenstadt im Jahre 1744 wollte die Mette deshalb ganz und gar abschaffen. Den Ablauf der Metten dokumentierte man in einem sogenannten Bergprotokoll, weshalb noch heute zahlreiche Hinweise auf diese Feierlichkeiten vorhanden sind. In der Zeit der sowjetischen Besatzungszone und DDR führten die Kumpels ihre „letzte Schicht" mit „Speis und Trank" traditionsgemäß fort.

Seit dem Ende des Bergbaus 1990 wird die Bergmette in einigen Orten, beispielsweise in Ehrenfriedersdorf, wo schon 1240 Zinn gefördert wurde, weiterhin zur Brauchtumspflege begangen. Bis zu 500 Gäste besuchen diese Mettenschicht. Hierbei führt das „Mundarttheater" ein eigens dafür geschriebenes Stück auf und die Bergkapelle spielt Bergmannsweisen.

Gefüllte Äpfel

Zutaten

4	ÄPFEL
2 SCHEIBEN	PUMPERNICKEL
1 GLAS	PREISELBEERKOMPOTT
2 EL	ZUCKER
1 TL	ZIMT
50 G	BUTTER

Zubereitung

Die Äpfel werden gewaschen und geschält, das Kerngehäuse wird entfernt.

Nun sticht man aus dem Pumpernickel vier Kreise und die Äpfel werden in einer Form daraufgestellt. Das Kompott wird mit Zucker und Zimt in die Äpfel gefüllt, die Butter in Flöckchen auf die Äpfel gegeben.

Schließlich kommen die Äpfel in den vorgeheizten Ofen (180°C), 15 Minuten dauert der Backprozess.

Die gefüllten Äpfel werden heiß serviert. Guten Appetit!

Zubereitungszeit
ca. 30 Minuten

ÄPFEL ZU WEIHNACHTEN BRINGEN GLÜCK

Äpfel zum Weihnachtsfest bringen traditionell Glück, Liebe, Segen und Reichtum. Der Grund dafür liegt sowohl im Alten als auch im Neuen Testament, da der Apfel einerseits ein Symbol für das neue Leben und Christi Geburt ist und andererseits auf das Paradies verweist. Aufgrund seiner Sünde, vom verbotenen Granatapfel zu essen, wurde der Mensch aus dem Paradies vertrieben. Er verspürt nach christlichem Glauben jedoch die ständige Sehnsucht, das Paradies wiederzuerlangen. Dieser Wunsch steht in einem engen Zusammenhang mit Weihnachten, der Zeit, in der die Geburt Jesu Christi gefeiert wird. Er soll die Menschen von ihrer Sünde befreien, sodass sie wieder ins Paradies gelangen können. Das ist auch der Grund dafür, warum sich Bauern schon im Mittelalter gegenseitig Äpfel schenkten, um den damit verbundenen Segen weiterzugeben. In der Adventszeit stand immer eine Schüssel mit roten, knackigen, blank geputzten Äpfeln auf dem Tisch und an den Christbäumen hingen die schönsten und besten Gartenäpfel. Mancherorts wurden ihre Kerne als Glückssterne aufgehoben oder in zwei Hälften geschnitten. Blieben die Kerne ganz, war eine glückliche Zukunft garantiert. In die Adventszeit fällt auch der Brauch des Apfelorakels. Man schält einen Apfel möglichst in einem Stück und wirft die Schale hinter sich. Aus der Form, die die Spirale auf dem Boden angenommen hat, versucht man, einen Buchstaben herauszulesen, der verrät, wie der Anfangsbuchstabe des Namens des oder der Zukünftigen lauten könnte. Ein bäuerlicher Brauch besteht darin, Apfelbäume in den zwölf heiligen Nächten mit Stroh zu umbinden, um sie vor bösen Geistern zu schützen. Auf Weihnachtsmärkten gehören heute kandierte und mit Schokolade überzogene Äpfel zum Angebot. Auch Bratäpfel – gefüllt mit Nüssen, Rosinen und Honig – sind zu Weihnachten ein Genuss. Noch vor 80 Jahren standen in Bauernstuben meist hohe oder sogar bis an die Decke reichende Kachelöfen, worin selbst geerntete Gartenäpfel gebacken wurden. Manchmal kam noch ein Zuckerguss darüber oder die Äpfel wurden sogar in flüssige Schokolade getaucht oder damit übergossen.

KINDERMUND ZUM ADVENT

Die 6-jährige Vivien erklärt: „Also, ich weiß das nun ganz genau, wie das mit Ostern, Nikolaus und Weihnachten ist. Es gibt keinen Osterhasen und auch keinen Nikolaus. Und Weihnachtsmann ist ein Beruf. So ist das und nicht anders."

Klein-Anne schaut ihrer Mutter bei der Weihnachtsbäckerei zu und sagt: „Mutti, warum schweigst du beim Backen?" „Was soll ich denn sagen?", fragt die Mutter. Anne sagt: „Du könntest mich mal fragen, ob ich mal vom Teig kosten kann."

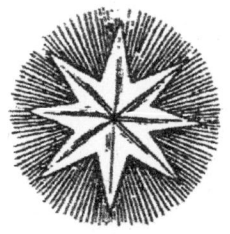

„Die Familie beim Christbaum", Ludwig Richter.

2.

Die Weihnachtszeit

WEIHNACHTSBÄUME UND IHR SCHMUCK

1605, so berichten Chroniken, stand der erste Christbaum in Straßburger Stuben. Er war als Gaben- oder Bescherbaum geschmückt – mit aus buntem Papier geschnittenen Rosen, Äpfeln und Oblaten. Weihnachtsbäume eroberten vom Rheinland aus das gesamte deutsche Land. Die Eroberung dauerte einige Zeit. Als Frucht- oder Zuckerbäume hingen sie zunächst an den hölzernen Balkendecken der Zimmer. Der Tannenbaum war auch das Symbol der sich erneuernden Natur.

Weihnachtsbäume wurden mit „vergoldeten" Erdäpfeln, also mit Kartoffeln, geschmückt. Zudem zierten Äpfel, Papierblumen und Pfefferkuchen die Bäume. Die teuren Bienenwachskerzen leisteten sich nur wohlhabende Leute. Sie wurden um 1760, die Stearinkerzen um 1818 erfunden. Das Anzünden der Kerzen vollzog sich oft in einer feierlichen Zeremonie. Beim Glockenläuten zündete der Hausvater das „Heilig-Abend-Licht" mit einem Holzspan an. Mancherorts wurden Wachskerzen nur zu den „Heiligen Abenden" angezündet – am 24. Dezember, am 6. Januar (Hochneujahr) und am 2. Februar (Lichtmess). Der erste elektrisch beleuchtete Weihnachtsbaum wurde 1912 in einer New Yorker Boulevardstraße aufgestellt. Weimar war die erste deutsche Stadt, die dann über so eine moderne Weihnachtsbaumbeleuchtung verfügte. Danach folgte eine sächsische Stadt: die Messemetropole Leipzig. Viele Familien hielten lange an dem alten Brauch fest, Wachskerzen anzuzünden.

Oftmals wurden sie in schön verzierten Kerzenhaltern am Baum befestigt. Für das Löschen der Kerzen wurde ein bestimmtes Besteck benutzt: ein silbernes Stöckchen mit einem Hütchen, mit dem die Flammen erstickt wurden.

In Sachsen soll im Jahre 1737 der erste Weihnachtsbaum in einer Zittauer Wohnstube gestanden haben. Dichterfürst Johann Wolfgang von Goethe (1749–1832) schrieb 1774 in den „Leiden des jungen Werthers" von einem „aufgeputzten Baum mit Wachslichtern, Zuckerwerk und Äpfeln". Zu Goethes Zeit verboten die sächsischen Kurfürsten das Schlagen von Bäumen im Wald. Die Kirche schritt gegen das „Plündern des Waldes" ein und billigte diesen heidnischen Brauch nicht. Allmählich übernahm sie ihn dennoch und der Christbaum fand einen ehrenvollen Platz in den Gotteshäusern.

Glasbläser schmückten ihre Bäume mit selbst gefertigten Perlenketten und später mit bunten Kugeln. Aus der Kunstblumenstadt Sebnitz kamen Gebilde aus silber- und goldfarbenem Glas oder Watte in Form von Wiegen, Kinderwagen oder Pferdegespannen. Sie erinnerten an die Pickelhauben der Polizei und des Militärs. 1878 wurde Lametta erfunden und die Weihnachtsbäume wurden fortan mit diesen Silberfäden geschmückt, die man mitunter auch als „Rauschegold" bezeichnet. Sie symbolisieren die Eiszapfen am Nadelbaum. Der Grundstoff für Lametta ist Stanniol. Es wird geschmolzen, gegossen, gewalzt und in schmale Streifen geschnitten. Lametta war Ende des 19. und Anfang des 20. Jahrhunderts noch etwas Kostbares und beim Abputzen des Baums wurden alle Bleifäden einzeln abgenommen und fein säuberlich für das kommende Fest wieder zusammengelegt, Faden für Faden. Geknickte Fäden wurden sogar mit einem Bügeleisen behutsam geglättet. Das gebrauchte Lametta kam in eine alte Schachtel und wurde zum kommenden Weihnachtsfest wiederverwendet – und das Jahr für Jahr.

Jede Epoche fand eigene Ausdrucksformen in der Gestaltung der Weihnachtsbäume. Zum beliebten Weihnachtsbaumbehang gehörten selbst gefertigte Strohsterne und Zuckerkringel sowie bunte Glaskugeln. Sogar Spielzeug und Spaghetti, bunte Ketten, Popcorn und getrocknete Pflaumen hingen an den Bäumen, im „Dritten Reich" auch gläserne U-Boote und Miniaturbomben. Fleischer stellten aus kleinen Würstchen lange Ketten her, die dann um den Weihnachtsbaum geschlungen wurden. Diese Wurstketten produzierten die Metzger nur zu Weihnachten, zumal Bockwürste in den Nachkriegsjahren ohnehin etwas Besonderes waren. Damals wie heute verstecken Eltern die Weihnachtsbäume mitunter vor den Kleinen. Er kommt erst am Heiligen Abend aus dem Keller und die Tanne, Kiefer oder Fichte wird heimlich geschmückt. Vereinzelt brennen noch richtige Kerzen am Baum, doch die elektrische Beleuchtung hat sich fast überall durchgesetzt.

„Der Weihnachtsbaum", Ludwig Richter.

ABERGLÄUBISCHES ZU WEIHNACHTEN

Mancher Aberglaube wird sich wohl ewig halten. So soll Sauber-
machen zu den Feiertagen Unglück bringen. Es ist deshalb noch
heute in einigen Familien üblich, die Wohnung vor der Besche-
rung blitzblank zu putzen. Schmutzige Wäsche sollte nicht her-
umliegen, sondern gesäubert im Schrank geordnet sein und zur
Heiligen Nacht ist das Bett mit frischer Wäsche neu zu beziehen.
Wer zu Weihnachten die Türen knallt, hat Pech im folgenden
Jahr. Im ungünstigsten Fall könnte der Blitz ins Haus einschlagen.
Ein anderer Aberglaube besagt, dass Geldzählen zu Weihnachten
Armut ins Haus bringt. Den Weihnachtsbaum sollte man erst
Heiligabend schmücken und dabei nicht versehentlich umwerfen,
da einem auch dann Unglück widerfährt. Fällt eine Kugel von
einem hängenden Baum, so bringt es Glück, fällt eine von einem
stehenden Christbaum, bricht Unglück herein. Das Leipziger
Kabarett „Academixer" empfahl in einem Programm deshalb, den
Weihnachtsbaum nach dem Fest auf den Kopf zu stellen, da dann
das ganze Jahr über Freude angesagt sei.

DIE GANS IN LEGENDEN, MÄRCHEN – UND IN DER PFANNE

Schon die Griechen bewunderten die Schönheit der Gans, in Indien gilt das Federvieh als Verkörperung von Weisheit und Ruhm. Der heilige Martin soll sich einer Legende nach im Gänsestall versteckt haben, um der Wahl zum Bischof zu entgehen. An seinem Namenstag, dem 11. November, war es im bäuerlichen Sachsen Brauch, die Martinsgans zu schlachten und Gänsebraten zu verzehren. Bis heute endet die Weihnachtsgans letztendlich in der Pfanne – und das obwohl sie auch in Märchen eine wichtige Rolle spielt. Bei „Zwerg Nase" findet die Gans Mimi ein Kraut, das den Zwerg in den hübschen Jakob verwandelt. Im Märchen „Hans im Glück" tauscht Hans eine Gans gegen einen Wetzstein ein, doch dieser fällt in den Brunnen. Trotzdem frohlockt Hans: „Ich bin der glücklichste Mensch unter der Sonne." In „Die goldene Gans" wird ein junger Mann verspottet und Dummling genannt. Dank einer goldenen Gans bekommt der Dummling eine Prinzessin zur Frau. Die Gebrüder Grimm schrieben darüber hinaus die Märchen „Der Fuchs und die Gänse" und „Die Gänsehirtin" nieder.

„Drei Haselnüsse für Aschenbrödel" ist einer der erfolgreichs-
ten Märchenfilme. Für die Co-Produktion standen Künstler aus
Tschechien und der DDR vor und hinter der Kamera. Der farbige
Streifen entstand im Winter 1972/73 und hatte am 1. November 1973 in den tschechischen Kinos und ein halbes Jahr später
in den Filmtheatern der DDR seine Premiere. Eigentlich sollte
der Film im Frühjahr spielen und Aschenbrödel auf blühenden
Wiesen reiten. Doch die Produktionsfirma DEFA war in der kalten Jahreszeit nicht mit Filmproduktionen ausgelastet. Deshalb
verlegte der Regisseur Vaclav Vorlicek, der 2006 für sein Lebens-
werk die Auszeichnung „Ehrenschlingel" erhielt, die Handlung
kurzerhand in den Winter. Frau Holle allerdings schüttelte zu
jener Zeit nur in den Alpen Schneeflocken aus. Dort konnte und
sollte kein Dreh stattfinden. Was tun? Das Filmteam entschloss
sich, nach Schloss Moritzburg bei Dresden zu fahren. Hier war
der See zugefroren und das Jagdschloss August des Starken ein
wenig mit Schnee bedeckt. Zum Glück kamen kurz vor Dreh-
beginn Hunderte Dresdner zum Schlittschuhlaufen nach Moritzburg. Aus der schwarzen Wasserfläche wurde blitzartig eine weiße
Landschaft. So konnte das königliche Gefolge mit Kutschen auf
den Teichen fahren. Ein weiteres Problem war das trockene Laub
im umliegenden Wald. Die märchenhafte Winteridylle wurde mit
Kunstschnee verzaubert. Das DDR-Weiß bestand aus Fischmehl,
welches sich schnell chemisch zersetzte. Die Kunstflocken wurden in Säcken an den Drehort transportiert und stanken. Später
fiel richtiger Schnee vom Himmel und die Pferde stampften mit
ihren Reitern durch die Wälder – natürlich mit so manchem Trick
und einigen Pannen.

Neben vielen tschechischen Darstellern wirkte der Dresdner Schauspieler Rolf Hoppe in diesem Film mit. Er spielte den gutmütigen König und nicht so einen Bösewicht wie in anderen Filmen. Seine Töchter Josephine und Christine sahen mitunter bei den Dreharbeiten zu. Zwar war diese Rolle eine Nebenrolle für ihn, doch als König in den „Drei Haselnüssen" ist er sicher nicht nur vielen Sachsen noch in guter Erinnerung. Die Tänzer im Film stellte das DDR-Fernsehballett zur Verfügung, die Pferde stammten aus einem tschechischen Gestüt. Die Titelmusik schrieb der Komponist Karel Svobodo, die Sängerin Ella Endlich erreichte 2009 mit der deutschen Version „Küss mich" der berühmten Titelmelodie Platz zwölf der Singlecharts. Aschenbrödel und der Prinz, die tschechischen Schauspieler Libuse Safrankowa und Pavel Travnicek, wurden in der Realität zwar kein Paar, sind aber beide heute noch beruflich sehr erfolgreich. Seit 2009 wird im Schloss Moritzburg jedes Jahr zu Weihnachten eine Sonderausstellung zu dem Märchenfilm gezeigt. Erwachsene strömen mit ihren Kindern seitdem in das sächsische Schloss. Die Großen und Kleinen sind begeistert, denn sie erinnern sich an die Kostüme, vor allem an Aschenbrödels Ballkleid, die geheimnisvolle Eule und die zauberhafte Filmmusik.

Die Kindergeschichte „Weihnachtsgans Auguste" schrieb Friedrich Wolf (1888–1953), Autor von Romanen, Schauspielen und Märchen, in den 1940er-Jahren. Ihre Veröffentlichung wurde ein Riesenerfolg. Vier Jahrzehnte später wurde Dresden zum Drehort für den gleichnamigen Film, so sollte nach ihrer Neueröffnung 1985 unbedingt in der berühmten Semperoper gedreht werden, was ein „kunstpolitisches Ereignis" war. Als weihnachtliche Kulisse dienten zudem der Altmarkt mit seinem Striezelmarkt, der Theaterplatz, die Brühlsche Terrasse und der Hauptbahnhof. Hunderte Menschen staunten, als die Gans fleißig schnatternd mit einer Leine durch dessen Halle gezogen wurde. Die Zuschauer der Szene wurden hier gleichzeitig zu Statisten.

Die teils traurige, teils lustige Geschichte erzählt vom Opernsänger Löwenhaupt, der rechtzeitig eine Gans besorgt, um zu Weihnachten einen schönen Braten zu genießen. Von Gewissensbissen geplagt, bringt es der Sänger jedoch nicht übers Herz, das Federvieh zu schlachten. Beliebte Schauspieler standen für den Film vor der Kamera. So war neben Käte Reichel als schrullige Oma und Dietrich Körner als Opernsänger auch Peter Bause als sein tröstender Freund zu sehen. Gunter Emmerlich „glänzte" als Dirigent der Dresdner Staatskapelle. Die hiesigen Musiker spielten tatsächlich, unter anderem Melodien aus der Oper „Lohengrin" von Richard Wagner und „Der Freischütz" von Carl Maria von Weber, als Sänger war Klaus König vom Staatsopernchor Dresden für den Film engagiert. Doch wohlgemerkt: Gans Auguste stand im Mittelpunkt der Komödie. Peter Bause war vom Federvieh fasziniert und bewunderte noch nach Jahren die Intelligenz der Gans, die sogar Cello spielen konnte – natürlich nicht ohne Tricks. Mit einem Faden brachte sie Töne zum Klingen. Der Film wurde 1987 beim Kinofest in Gera uraufgeführt und erhielt den Sonderpreis „Goldener Spatz". Am Heiligabend 1988 flimmerte die „Weihnachtsgans Auguste" dann erstmals über die Bildschirme. Seitdem ist das „Ostprodukt" ein filmischer Weihnachtsklassiker.

„Valentin wandert durch den Schnee", Ludwig Richter.

WER DIE WAHL HAT …

Wir kennen es alle, das Theater beim Kauf eines Weihnachtsbaumes und schließlich die spöttischen Bemerkungen: schiefe
Staute, krummes Ding … Ja, bei der großen Auswahl ist es gar
nicht so einfach, zu entscheiden, welcher Baum infrage kommt.
Eine Nordmanntanne vielleicht? Zugegeben, die meisten dieser
Art sind makellos, hervorragend gewachsen, kurzum eine Augen-
weide. Doch im Detail steckt bekanntlich der Teufel. Rotfichten
nadeln oft sehr schnell, stammen aber aus heimischen, sprich
sächsischen Wäldern. Die Plastiktanne nadelt nicht und ist Jahr
für Jahr wiederverwendbar, sie ist sozusagen ein Baum fürs Leben.
Die Blaufichte macht etwas her, doch sie wird meist mithilfe von
Dünger und Insektiziden auf Baumplantagen gezogen. Das Preis-
Leistungs-Verhältnis stimmt und die Nadeln bleiben lange an den
Ästen. Der Baum in letzter Minute ist ein Schnäppchen und viele
Weihnachtsbaumverkäufer bringen mit Freude auch die krummen,
mickrigen Gewächse schnell unter die Leute. Geizhälse warten
deshalb bis zuletzt und manchmal haben die Schnäppchenjäger
sogar Pech und die Bäume sind ausverkauft.

WEIHNACHTSGRÜSSE

Heutzutage ist das Schreiben von Weihnachtsbriefen und Weihnachtskarten recht selten geworden, Weihnachtsgrüße kommen heute vielmehr per Anruf, E-Mail oder SMS. Manche Weihnachtspost ist recht vergnüglich oder sogar literarische Kost. Ein Auszug aus einem Weihnachtsbrief des königlich-sächsischen Bau- und Bahnmeisters Maximilian Wobst (1856–1919) vermittelt einen Eindruck über Backvorbereitungen am Ende des 19. Jahrhunderts:

> *Liebe Kinder,*
> *der Tag des Stollenbackens rückt heran. Die selige Mutter hat wochenlang gespart, da gibt es verschiedene versteckte Butternester mit einer Menge Tüten. Darin sind Rosinen, Zucker, Zitronat. Die Einkäufe werden besorgt, wie es gerade der Geldbeutel erlaubt – jede Woche etwas. Mutter weiß genau, was noch fehlt ...*

Dietrich Bonhoeffer, 1906 im schlesischen Breslau geboren, trat als evangelischer Theologe gegen die Judenverfolgung und den Nationalsozialismus ein. Er schrieb aus dem Gefängnis an seine Eltern: „Ich brauche Euch nicht zu sagen, wie groß meine Sehnsucht nach Freiheit und Euch ist. Aber ihr habt uns durch Jahrzehnte hindurch so unvergleichlich schöne Weihnachten bereitet, dass die dankbare Erinnerung daran stark genug ist, um auch ein dunkleres Weihnachtsfest zu überstrahlen." Bonhoeffer wurde auf ausdrücklichen Befehl Adolf Hitlers 1945 hingerichtet.

Heute scheint es, als ob sich nur noch Kinder Zeit zum weihnachtlichen Briefeschreiben nehmen. Viele von ihnen schicken mit Unterstützung ihrer Eltern ihren Wunschzettel an den Weihnachtsmann nach Himmelpfort. Manchmal sind das richtige Lieferscheine. Der Weihnachtsmann bekommt jährlich 300.000 Briefe, allein aus Sachsen flattern 20.000 Wunschzettel in den brandenburgischen Ort.

In Italien ist es Brauch, dass sich die Kinder im Weihnachtsbrief bei ihren Eltern für alles Liebe bedanken. Die Mädchen und Jungen kritisieren Mama und Papa allerdings auch für Dinge, die sie nicht in Ordnung fanden. Der Brief wird nicht mit der Post geschickt, sondern unter den Weihnachtsbaum oder neben den Weihnachtsteller gelegt. Die Eltern tun zunächst so, als ob sie den Brief nicht bemerken und entdecken ihn erst beim Weihnachtsessen wie zufällig …

„Das Kind fängt die Sterntaler im Hemd auf", Ludwig Richter.

NEUNERLEI AUS DEM ERZGEBIRGE

Gänsebraten mit Klößen, Bratwurst mit Sauerkraut, Linsen, rote Rüben, Sellerie, Backpflaumen, Brot, Salz, Semmelmilch ... Diese Speisen gehören zum „Neinerlaa", das zu Heiligabend vor allem im Erzgebirge auf den Tisch kommt. Doch auch in der sächsischen Landeshauptstadt hat dieses Weihnachtsessen inzwischen bei einigen Familien Tradition. Immerhin liegt Dresden nur 50 Kilometer vom Erzgebirge entfernt. Jede Speise hat eine Bedeutung: Mehlklöße in einer Meerrettichsoße bringen viel Geld, Erbsen und Linsen dagegen nur Kleingeld, das allerdings niemals ausgeht. Oftmals steht ein Schweinebraten auf dem Tisch. Das wiederum bedeutet allezeit viel Glück. Apfelkompott weist auf eine gute Zukunft hin und Semmelmilch bewirkt, dass im neuen Jahr keine Nase tropft. Das Neunerlei wird regional unterschiedlich zubereitet. Schneeberger schwören auf Kartoffelsalat mit Würsten, Olbernhauer mögen Bratwurst mit Sauerkraut und Kartoffelbrei und rund um Johanngeorgenstadt sind Schweinebraten und Klöße beliebt. In Aue gehört ein mit Apfelstücken und Beifuß gefüllter Gänsebraten zum Neunerlei. Der Gänsebraten soll „Flügel" verleihen. Klöße zur Gans stehen symbolisch für viel Geld. Kartoffeln verursachen zu Weihnachten angeblich Magenverstimmungen, weshalb keine Erdäpfel, sondern Klöße in der großen Schüssel liegen. Überall genießt man das Neunerlei in Ruhe und steht während der Mahlzeit keinesfalls auf, denn Aufstehen bedeutet Unglück für die Familie. Zudem sollten auf den Tellern keine Reste bleiben. Nur Kompott muss nicht völlig aufgegessen werden. Bleibt ein kleiner Rest in der Schüssel, bedeutet das abermals, dass das Geld niemals ausgeht. Eine ganz wichtige Zutat beim Neunerlei ist auch Sellerie, das Gemüse darf keinesfalls fehlen! Sellerie ist reich an Mineralien, hat positiven Einfluss auf das Herz-Kreislauf-System und das zentrale Nervensystem und steigert die Leistungsfähigkeit.

Es ist üblich, das Neunerlei nicht nur am Heiligabend, sondern auch zum Silvesterabend zu genießen. Dabei soll es mancherorts sogar neun verschiedene Biersorten zum Anstoßen geben. Die Erzgebirger behaupten: „Wer das Neunerlei probiert und kräftig trinkt, dem nächstes Jahr alles gut gelingt." Und damit in den kommenden zwölf Monaten die Taler im Portemonnaie klingeln, sollte unter jedem Teller eine Münze oder ein Scheinchen liegen. Ein weiterer Brauch besteht darin, ein zusätzliches Gedeck vorzubereiten. Plötzlich könnte ja ein hungriger Gast oder ein Freund die Familie besuchen. Neuerdings wird das „Neinerlaa" auf einem speziellen Teller aus elfenbeinfarbener Keramik serviert, der von der Firma Kannegießer aus Neukirch (Oberlausitz) hergestellt wurde. Der Wirt des Ratskellers in Annaberg-Buchholz erfand den 40 x 30 Zentimeter großen Spezialteller und meldete ihn beim Deutschen Patentamt in München an. Auch wenn manche Familien die Speisen auf die gesamten Weihnachtstage verteilen – waschechte Erzgebirger halten sich streng an die Regeln des Neunerlei.

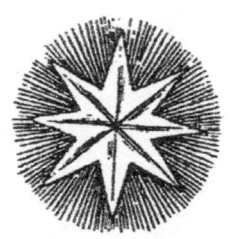

Die St.-Annen-Kirche in Annaberg.

Gänseklein
DIETMAR SEHN

Ach, wie fein
schmeckt Gänseklein.
Und eine Gänsebrust
schmatz ich voller Lust.
Sogar abends im Bett
schmeckt mir Brot mit Gänsefett,
dazu trink ich Gänsewein,
dann schlaf ich friedlich ein.
Morgens sieht meine Frau die Bescherung,
sie bittet um Aufklärung
und gackert wie eine Gans
gagagaga
Ich singe und ich tanz
lalalala.
Es gibt einen kleinen Zwist,
wie das bei Eheleuten nun mal ist.
Mittags ist der Streit vorüber,
wir wandern ins Wirtshaus gegenüber.
Dort gibt es allerlei,
sogar Kartoffelbrei mit Spiegelei.

Siebenerlei

Während im Erzgebirge das Neunerlei zum Heiligabend gehört, ist es in Schlesien das Siebenerlei. Dieses Gericht besteht aus paniertem Karpfenfilet und Kartoffelsalat mit sieben Zutaten. Im östlichsten Sachsen sowie im Nachbarland Polen stehen vielerorts zu Weihnachten sogar zwölf verschiedene Speisen auf dem Tisch. Jedes Gericht soll jeden Monat im Jahr Glück bringen.

Zutaten

600 G	KARTOFFELN
150 G	SPECK
½	GURKE
2	ZWIEBELN
4 EL	ESSIG
4 EL	SENF
	PFEFFER, SALZ, ZUCKER

Zubereitung

Gekochte Kartoffeln pellen und klein schneiden, Speckwürfel auslassen.

Gurken und Zwiebeln würfeln, Essig mit Senf aufkochen, alles gut mischen und mit Pfeffer, Zucker und Salz würzen.

Man kann auch zwei Zutaten weglassen und dafür gekochte Eier und Apfelstückchen zugeben. Die Apfelstücke sollten eine rote Schale haben als Symbol für Glück. Außerdem erhält der Kartoffelsalat dann eine schöne Farbe.

Zubereitungszeit:
ca. 30 Minuten

HEILIGABENDSCHMAUS

Am Heiligabend kommen in den meisten sächsischen Familien
regelmäßig hausgemachter Kartoffelsalat und Würstchen auf den
Tisch. Oft werden die Würste einige Tage vor dem Fest beim Stamm-
fleischer bestellt und gekauft. Hausfrau oder Hausmann bereitet den
Kartoffelsalat nach alter Tradition in einer riesigen Schüssel zu. Er
muss mindestens einen Tag lang „ziehen", um gut zu schmecken.
Der Zubereiter entscheidet dann, ob der Salat noch etwas Würze
braucht und schmeckt ihn ab. Manchmal darf eine Vertrauensperson
beim Abschmecken eine Empfehlung geben. Das Naschen anderer
Personen ist nicht gestattet. Weiterhin stehen Heiligabend Schinken,
Heringshappen, saure Gurken und selbst gefertigte Sülze bereit, oh
wie lecker! Köstlich ist auch der mittelscharfe oder sogar besonders
scharfe Bautzener Senf als Beilage für die Würste. Der Senf aus der
Oberlausitz ist immer noch ein Genuss. Essen, so sagt man, hält Leib
und Seele zusammen. Zudem hilft reichliches „Futtern" zu Weihnachten gegen die Kälte. In den meisten Familien hört die Schlem-
merei am Heiligabend keineswegs auf. Sie fängt erst richtig an.

Vom Weihnachtsfest inspiriert

Ludwig Richter, der bereits erwähnte sächsische „Maler der Weihnacht", schrieb in seinen Lebenserinnerungen: „Ich bin 1803 geboren, am Tage vor St. Michael, und zwar in der Friedrichstadt, einer Vorstadt Dresdens". Als er 1884 in seiner Geburtsstadt starb, umfasste seine künstlerische Hinterlassenschaft mehrere hundert weihnachtliche Holzschnitte, Zeichnungen und Radierungen zu Märchen, Gedichten und Liedern.

Schon in seiner Kindheit hatte seine Familie ihn angeregt, Weihnachtsbilder zu malen. Sein Vater, Carl August Richter, Kupferstecher und Lehrer an der Dresdner Kunstakademie, brachte ihm außerdem das Komponieren bei. Der Junge spazierte gerne über den Striezelmarkt, die Entfernung von seinem Wohnort in der Friedrichstadt betrug nur zwei Kilometer – sie war also ein Katzensprung, auch wenn Friedrichstadt noch nicht zu Dresden gehörte. Die Friedrichstädter galten damals noch als Fremdlinge und durften laut Ratsbeschluss auf dem Altmarkt nichts verkaufen. Dabei waren ihre Pfefferkuchen hochgeschätzte echte Köstlichkeiten. Ludwig Richter faszinierte immer wieder das bunte Treiben auf dem Markt, er staunte über silberne Glöckchen, geschmückte Weihnachtsbäume und strahlende Kinder. Für ihn war Weihnachten die „Krone der Familienfeste", was auch in seinen Bildern deutlich zum Ausdruck kam. Einer seiner bekanntesten Holzschnitte wurde 1853 „Vom Christmarkte in Dresden". Darauf ist ein Geschwisterpaar beim Verkauf ihrer letzten vier Pflaumentoffel zu sehen, am Stand mit dem Schild „Ausverkauf wegen Geschäftsaufgabe" hockt auch ihr kleines Hündchen. Seine Striezelmarktkinder hatten reale Vorbilder, er schuf damit sein künstlerisches Denkmal. Ludwig Richter, der 1898 sogar Ehrenbürger der Stadt Dresden wurde und auf dem Fürstenbild aus Meißner Porzellankacheln zu sehen ist, kann mit Fug und Recht als Weihnachtskünstler bezeichnet werden. Wohl kein anderer Maler schuf so viele romantische Bilder von Weihnachtsmärkten, Christbäumen oder Schneelandschaften.

Karl May, 1842 im erzgebirgischen Ernstthal geboren und 1912 in Radebeul gestorben, schrieb 1897 die Reiseerzählung „Weihnacht". Die Geschichte spielt teils in Böhmen und teils im Wilden Westen, Winnetou und Old Shatterhand sind die Hauptfiguren. Grundlage für das Buch war sein Gedicht „Weihnacht". Das Weihnachtsfest ist ein beliebtes Motiv der Karl-May-Romane. Er komponierte sogar eine Weihnachtskantate und schrieb neben dem genannten Gedicht auch das folgende im Zwickauer Gefängnis.

Weihnachtsabend

Ich verkünde große Freude,
die Euch widerfahren ist.
Denn geboren wurde heute
ein Heiland Jesus Christ.

Jubelnd klingen durch die Sphären,
Sonnen kündens jeden Stern.
Weihrauch duftet auf Altären,
Glocken klingen nah und fern.

Tageshell ists in den Räumen
alles atmet Glück.
Und an den bunt behangenen Bäumen
hängt der freudetrunke Blick.

Das Gedicht besteht aus 16 Strophen. Der Abenteuerschriftsteller muss auch den Dresdner Pflaumentoffel gekannt haben. Er verwendete den Begriff in seinem Buch „Der Ölprinz", als Hobble Frank zu Sam Hawkens sagt: „Dort sitzt der Pflaumentoffel am Feuer."

Auch der Dresdner Schriftsteller Kurt Arnold Findeisen (1883–1963), der vor allem durch das Verfassen historischer Romane bekannt geworden ist, widmete sich mit zahlreichen Geschichten und Gedichten der Weihnachtszeit. So schrieb er über frierend durch die Straßen ziehende Kurrende-Sänger und über Pflaumentoffel verkaufende Kinder: „Liebe Leute, kauft doch was, leer der Magen, kalt die Nase …" Das Gedicht inspirierte den Dresdner Kreuzkantor Rudolf Mauersberger (1889–1971) zu einer Vertonung im „Dresdner Weihnachtszyklus". Seine vom Pflaumentoffel singenden Kruzianer machten ihn und das Lied bekannt.

„Weihnachtsbescherung", Ludwig Richter.

„Die Christnacht", *Ludwig Richter.*

SYMBOLFIGUR MIT RAUSCHEBART

Da es den Myraer Bischof Nikolaus im Gegensatz zum Weihnachtsmann tatsächlich gegeben hat, könnte man sagen, dass die Vorstellung vom Weihnachtsmann im türkischen Nikolaus seinen Ursprung hat. Ersten Beschreibungen zufolge soll er ein in Fell gekleideter, dicklicher, freundlicher Mann mit weißem Rauschebart gewesen sein. In den 1930er-Jahren nutzte ihn die Firma Coca-Cola erstmals als Werbefigur. Hierzulande kann man einen Weihnachtsmann bei der Arbeitsagentur bestellen, freundlicherweise hilft manchmal aber auch der Nachbar aus. Die Nachfrage ist groß. Studenten verdienen sich in der Verkleidung gern ein Zubrot. Inzwischen wird der Weihnachtsmann auch immer wieder als beleuchteter Fassadenkletterer an Hauswänden entdeckt.

Nicht überall in Sachsen kommt am Heiligabend der Weihnachtsmann und holt die Geschenke aus seinem Sack. Im sorbischen Teil Sachsens bringt das Bescher-Kind die Geschenke, ein mit einer sorbischen Hochzeitstracht bekleidetes, junges Mädchen. In Teilen des Vogtlandes sorgt das Christkind erst am ersten Weihnachtsfeiertag für die Bescherung. Üblich ist dort auch die Christmette früh um fünf bzw. sechs Uhr, zu der die Kinder mit selbst angefertigten Mettenlaternen in die Kirche kommen. Zur Aufführung gehört traditionsgemäß ein Krippenspiel. Rechts und links des Altars stehen geschmückte Weihnachtsbäume. Der Höhepunkt der morgendlichen Mette besteht darin, dass ein Engel – meist ein Mädchen aus dem jeweiligen Konfirmandenjahrgang – von der Chorempore mit glockenheller Stimme und vom Orgelklang begleitet die Weissagung singt.

In den Regionen, in denen an den Weihnachtsmann geglaubt wird, werden die vielen bekannten Lieder, die ihm gewidmet sind,

schon im Advent gesungen wie „Morgen kommt der Weihnachtsmann". Diesen deutschen Text für das eigentlich französische
Volkslied schrieb Hoffmann von Fallersleben (1798–1874). Auch
der Titel „Morgen, Kinder wird's was geben" hat in der Vorweihnachtszeit Hochkonjunktur.

DAS HEILIG-OBND-LIED

In Sachsen und vor allem im Erzgebirge kennt fast jeder das
„Heilig-Obnd-Lied", weniger bekannt ist hingegen der Name
der Autorin, Amalie von Elterlein (1784–1865). Die in Annaberg geborene Amalie Benkert heiratete 1804 den Erblehn- und
Gerichtsherrn Karl Heinrich von Elterlein auf Drehbach. Das
Weihnachtslied im Erzgebirgsdialekt „Nu is dr Heilge Obnd,
ihr Leit" umfasst mehr als 150 Strophen. Allerdings bestehen
hinsichtlich der Originalität Zweifel. Sind wirklich alle Strophen
von der Liedermacherin verfasst worden? Heimatforscher mei-
nen, dass die ersten zehn Verse eine geschlossene inhaltliche
Thematik und eine Übereinstimmung im Versmaß vorzuwei-
sen hätten. 1830 entstanden diese Strophen des volkstümlichen
Liedes. Unterschiedliche Laienautoren verfassten all die anderen
Strophen zu unterschiedlichen Anlässen. Vor allem im Weihnachtsland Erzgebirge gehört das „Heilig-Obnd-Lied" zum weihnachtlichen Volksgut.

Ein originaler Nussknacker aus dem Erzgebirge.

Heilig-Obnd-Lied
AMALIE VON ELTERLEIN

E Wärmflasch hot de Oma kriegt,
dr Opa sechs Zigarrn,
mei Voter hot e Unterhos,
mei Mutter zaah Rolln Garn.

Tritra tirallalla …

Zen Heilgobnd, de Lichterpracht
ganz hell is Stub un Haus.
De Katz schnurrt of de Kanepee
de will heit gar net naus.

Tritra tirallalla …

Ben Nachber haben se heit Besuch,
de ganze Stub voll Leit.
Mir habns auch ganz gern Besuch,
doch net gerode heit.

Tritra tirallalla …

In Aatzgebirg is wahrlich schie,
wenns draußen stürmt un schneit,
un wenn de Peremett sich dreht,
is unsre scheenste Zeit.

Tritra tirallalla …

Nu is dr Heilge Obnd, ihr Leit,
heit sei mer alle fruh.
Su strei mer in de Stöbn nei,
e ganz Gebünnel Struh.

Tritra tirallalla …

Dos is rachter Weihnachtsduft,
daae legt sich ofs Gemüt.
Nu sing mer oder statt dr Lob,
aah mal e Weihnachtslied.

Tritra tirallalla …

Mer singe „Stille, heilge Nacht",
oh selge Weihnachtszeit
un tief in unsre Herzen schwingts
wie Feiertagsgeleit.

Tritra tirallalla …

Das Neinerlaa hot gut geschmeckt,
kaa Rest in Schüsseln steht,
eh nu dr Tisch werd obgedeckt,
sing mer noch eh Weihnachtslied.

Tritra tirallalla …

Aus aktuellen Anlässen kamen und kommen immer neue lustige Strophen hinzu, mitunter sogar sozialkritische. So entstand dieser Vers in den 1980er-Jahren:

Enn Nußknacker woll ich hobn,
ich lief von Ort zu Ort,
ich hob aber kenn erwischt,
se warn alle fern Export.

Tritra tirallalla …

Weihnachtslied.

„Vom Himmel hoch, da komm' ich her", Ludwig Richter.

Vom Himmel hoch, da komm' ich her
MARTIN LUTHER

Vom Himmel hoch, da komm' ich her.
Ich bring euch gute neue Mär',
der guten Mär' bring ich so viel,
davon ich singen und sagen will.

Euch ist ein Kindlein heut gebor'n,
von einer Jungfrau auserkor'n;
das Kindlein so zart und fein,
das soll eur' Freud' und Wonne sein.

Es ist der Herr Christ, unser Gott,
der will euch führ'n aus aller Not.
Er will nur Heiland selber sein,
von allen Sünden machen rein.

Er bringt euch alle Seligkeit,
die Gott der Vater hat bereit,
dass ihr mit uns im Himmelreich
sollt leben nun und ewiglich.

Des lasst uns alle fröhlich sein
und mit den Hirten gehen hinein,
zu sehen, was Gott uns beschert,
mit seinem lieben Sohn verehrt.

Lob, Ehr sei Gott im Höchsten Thron,
der uns schenkt seinen ein'gen Sohn;
des freuen sich der Engel Schar
und singen uns solch's neues Jahr.

Euch ist ein Kindlein heut gebor'n, von einer Jungfrau auserkor'n

Martin Luther dichtete für die Weihnachtsbescherung seiner Kinder: „Vom Himmel hoch, da komm ich her". Später komponierte der Reformator auf seine 15 Strophen noch eine Choralmelodie, die Johann Sebastian Bach für Teile seines Weihnachtsoratoriums verwendete. Andere Komponisten regte der Text zu Kantaten und Chorälen an.

Daneben ist „Oh, du fröhliche" eines der schönsten Lieder der Weihnacht – dabei war das Lied ursprünglich nicht nur für Weihnachten bestimmt. Johannes Daniel Falk (1768–1826) hatte es als Kirchenlied auch für das Oster- und Pfingstfest vorgesehen. So hieß es in der zweiten Strophe „Gnadenbringende Osterzeit" und in der dritten Strophe „Gnadenbringende Pfingsten". Sogar die Melodie hatte eigentlich nichts mit Weihnachten zu tun, denn sizilianische Fischer hatten das Marienlied einst bei ihrer Arbeit gesungen. Johann Gottfried Herder hatte in seiner Volksliedersammlung diese Weise festgehalten, die Dichter Falk inspirierte.

„Stille Nacht, heilige Nacht" ist weltweit der absolute Publikumserfolg. Joseph Mohr und Franz Xaver aus Oberndorf in Österreich schrieben das Lied am 24. Dezember 1818 in aller Schnelle. Die Orgel war kurzerhand unbespielbar geworden und so sollte mit Gitarrenbegleitung ein neues Lied entstehen. Tiroler Sänger brachten es nach Amerika und letztendlich nach Deutschland. Die Gebrüder Strasser, Tiroler Sänger und Händler, boten auf dem Leipziger Weihnachtsmarkt nicht nur ihre Waren an, sondern sangen 1831 in der Pleißenburger Hofkapelle zur Christmette auch „Stille Nacht, heilige Nacht". Darüber berichtete das „Leipziger

Tageblatt". Zwei Jahre später tauchten in Dresden Flugblätter mit dem Liedtext auf. „Stille Nacht, heilige Nacht" trat seinen Siegeszug über Leipzig, Dresden und die deutschen Länder an und wurde nach und nach weltbekannt.

„Christkindleins Wiegenlied", Ludwig Richter.

WEIHNACHTEN IN DER
HEIMAT- UND KULTURGESCHICHTE

Der Maler Wilhelm von Kügelgen (1802–1867) schrieb in seinen Jugenderinnerungen: „Acht Tage vor dem Fest pflegte sich der Dresdner Altmarkt mit einem ganzen Gewimmel höchst interessanter Buden zu beleben, die abends erleuchtet waren und große Augenlust gewährten. Das Glitzern der mit Rauschgold, mit bunten Papierschnipseln und goldenen Früchten dekorierten Weihnachtsbäume, die hell erleuchteten kleinen Krippen mit dem Christuskinde, die gespenstischen Knechte Rupprechts, die Schornsteinfeger von gebackenen Pflaumen, die eigentümlich weihnachtlichen Wachsstockpyramiden in allen Größen, endlich das Gewühl der Käufer und höfische Locken der Verkäufer, das alles regte festlich auf." Festliche Geschichten und Gedichte über Weihnachten schrieb z.B. Theodor Storm (1817–1888), der Erzähler aus dem Norden. Zahlreiche heutige Senioren werden sich sicher noch daran erinnern, seine Gedichte wie „Draußen vom Walde komm ich her" auswendig gelernt und am Weihnachtsabend dem Weihnachtsmann aufgesagt zu haben. Weniger ernste Verse – nicht nur zum Weihnachtsfest – verfasste Joachim Ringelnatz (1883–1934). Der waschechte Sachse wurde als „Kuddeldaddeldu" und mit anderen Kunstfiguren bekannt. Der Wurzener schrieb das Gedicht: „Schenke groß oder klein, aber immer gediegen, schenke herzlich und frei, schenke mit Geist ohne List – sei eingedenk, dass dein Geschenk du selber bist ..." Ringelnatz selbst war gewiss schon mit einem Schnäpschen sehr zufrieden, denn er trank gerne und viel. Vielleicht hätte er sich auch bei den folgenden Versen ein Grinsen nicht verkneifen können:

Der Gabentisch ist öd und leer,
die Kinder gucken blöd umher.
Da lässt der Vater einen krachen,
die Kinder fangen an zu lachen.
So kann man auch mit kleinen Dingen,
den Kindern Freude bringen.

Eine Sächsin, die Geschichten und Gedichte in schönstem Dialekt verfasste, war Lene Voigt (1891–1962). Fast kein Thema ließ sie außen vor, natürlich stammen von ihr auch weihnachtliche Erzählungen, so die Liebesgeschichte zwischen einem Apfel und einer Nuss. Beide hängen am Tannenbaum und ihr Wunsch lautet, letztendlich im selben Magen zu landen. Gerade die Themen Essen und Trinken und hier vor allem ihr heiß geliebter Kaffee kamen bei ihr nie zu kurz. Zum Thema Klöße stellt die Sächsin fest: „Wenns Gleese gibbt, das is e Fest, da bleibt gee eenzches Stückel Rest." Ja, beim Klöße-Essen haut der Opa rein, der Onkel verdrückt sieben Kullern, die Muddi hat stundenlang geschafft und ist von der mühevollen Arbeit nun fix und alle.

Auch Kabarettisten widmen sich gern dem Thema Weihnachten, so bieten Breschke & Schuch zu jedem Fest die „Striezelmarktwirtschaft". Hier dreht sich alles um Weihnachten, so um das neue Berggeschrey und die damit hoffnungsvolle Aussicht auf Arbeitsplätze über und unter Tage, Zukunftsmusik. „Feierobnd nach vullbrachten Togwark" trällern die munteren Kabarettisten. Sie drohen bei eventueller Täuschung mit dem Spruch: „Ich klöppel dir gleich eine ins Gesicht." Damit sind vor allem die Erzbetrüger gemeint und so manche Dinge werden humorvoll und glanzvoll durch den Kakao gezogen. Wer sich vor dem Programm nicht zu viel „Kumpeltod" in die Kehle geschüttet hat, versteht die meisten Texte.

Darüber hinaus gehen Schlagersänger in der Vorweihnachtszeit oft und gern auf Tournee. Eine der bekanntesten Platten bzw.

CDs zum Weihnachtsfest in Sachsen ist „Weihnachten in Familie" von Frank Schöbel, dem gebürtigen Leipziger. Die schönsten erzgebirgischen Weihnachtslieder sangen zwischen 1940 und 1970 die Geschwister Caldarelli. Ihre Lieder sind nur noch selten im Radio zu hören, doch mehrere CDs der drei goldenen Kehlen sind weiterhin im Angebot wie „Weihnachten im Erzgebirge" mit den Liedern „Advent im Stübl", „Winterobnd im Arzgebirg", „Fröhliche Weihnacht überall" und vielen anderen Klassikern. Auch der Mundartsänger Joachim Süß und der Volksdichter und Sänger Anton Günther gehören zu den Interpreten, die musikalische und mundartliche Weihnachtsgrüße aus dem Erzgebirge auf liebenswerte Art verfassten.

„Weihnachtsabend", Ludwig Richter.

Mohnklöße

Mohnklöße gehören im schlesischen Teil Sachsens zum Weihnachtsfest. Sie sehen nicht wie Kartoffelklöße aus, sind etwas kleiner und nicht unbedingt kugelrund. Natürlich hat die Speise auch eine Bedeutung. Zucker steht für eine reiche Honigernte und Semmelmilch für einen gesunden Körper. Der Mohn reinigt schließlich die Seele. Mohnklöße als Glücksbringer werden zu Heiligabend, Silvester und Hochneujahr genüsslich verspeist.

Zutaten

4	BRÖTCHEN VOM VORTAG
250 G	MOHN, GEMAHLEN
2 L	MILCH
10 G	VANILLEZUCKER
100 G	ZUCKER
200 G	ROSINEN, IN WARMEM WASSER AUFGEQUOLLEN
1 SCHUSS	RUM

Zubereitung

Die Brötchen vom Vortag werden klein geschnitten und in heiße Milch getaucht.

Dazu gibt man Mohn, Zucker, Vanillezucker, die Rosinen und einen Schuss Rum.

Schließlich kommt über diese Zutaten wiederum heiße Milch.

Ist die Mohnmasse abgekühlt, landen die süßen Leckereien in Mund und Magen.

Zubereitungszeit

ca. 15 Minuten

EINES DER HAUPTFESTE DES KIRCHENJAHRES

Das Christfest ist ein besonderer Anlass, in die Gotteshäuser einzukehren. Auch zu DDR-Zeiten waren die Kirchen für einen Ansturm gewappnet. Menschen, die das ganze Jahr über keinen Gottesdienst besuchten, kamen und erlebten die Weihnachtssänger und hörten die christliche Weihnachtsgeschichte. Es soll schon vorgekommen sein, dass der Pfarrer vor dem Fest gefragt wurde, wann das Theater in der Kirche stattfände, gemeint war das Krippenspiel. Der Frauenkirche kommt seit ihrer Weihe im Jahre 2005 zu Weihnachten wieder eine besondere Bedeutung zu. Zu den Höhepunkten gehören die Christvesper im Kirchenschiff und die

„Der Stall zu Bethlehem", Ludwig Richter.

Weihnachtsvesper am Tag vor Heiligabend, die mittlerweile größte deutsche unter freiem Himmel stattfindende Gottesdienstveranstaltung. 20.000 Menschen hören hier das Lukas-Evangelium und den berühmten Dresdner Kreuzchor mit dem Lied „Macht hoch die Tür, das Tor macht weit". Deutschlandweit ertönt das Weihnachtsoratorium, eines der berühmtesten geistlichen Musikstücke. In Sachsen erlebte das Meisterwerk von Johann Sebastian Bach, dem Kantor der Leipziger Hauptkirchen und Musikdirektor der Thomasschule, seine Premiere. Weihnachten 1734 sang der Leipziger Thomanerchor erstmals das Oratorium. Bachs Komposition wurde zu seinen Lebzeiten allerdings nur einmal aufgeführt. Später ging das Weihnachtsoratorium (WO) in die Kirchengeschichte ein. Dabei wird die Bezeichnung „Oratorium" heute nicht mehr korrekt verwendet, denn das „WO" ist ein Zyklus von sechs in sich abgeschlossenen Kantaten, die vom 25. Dezember bis zum 6. Januar erklingen sollten. Der Weihnachtsalltag sieht jedoch anders aus: Meist erklingen die ersten Kantaten schon vor dem ersten Feiertag. Bach komponierte zudem ein Himmelfahrts- und ein Osteroratorium, doch vor allem die Bachsche Vertonung der Johannes- und Matthäuspassion sind die beliebten Lieder in den Kirchen und Konzerthallen.

Selleriesuppe

Zutaten (für vier Personen)

500 G	SELLERIE
2	ÄPFEL
1	ZWIEBEL
50 G	BUTTER
200 ML	APFELWEIN
400 ML	GEMÜSEBRÜHE
200 ML	SAHNE
	SALZ
	PFEFFER
	ZUCKER

Zubereitung

Ein Apfel ist zu entkernen, dabei bleibt die Schale am Obst.

Etwa 200 g geschälten Sellerie in Würfel schneiden. Apfel- und Selleriescheiben mit etwas Butter beiseite stellen.

Nun wird das Übrige, Sellerie und Apfel, mit der geschnittenen Zwiebel in Butter angedünstet, hinzu kommen Apfelwein und Gemüsebrühe.

Nach ca. 20 Minuten wird die Suppe unter Zugabe von Sahne fein püriert und Salz, Pfeffer und Zucker werden beigefügt. Abschmecken nicht vergessen!

Letztendlich werden nochmals Sellerie und Apfelreste in Butter erhitzt. Das Ganze ist durchzuschwenken und der Suppe beizufügen.

Zubereitungszeit

ca. 45 Minuten

GÄNSEBRATEN MIT KLÖSSEN

Vielerorts ist es Brauch, an den Weihnachtsfeiertagen Gänsebraten zu essen. Zur knusprigen Keule oder Brust gehören keine Kartoffeln, sondern grüne Klöße. Grün ist in Sachsen ein Ausdruck für „roh" und meint, dass die „grienen Klöße", auch „griene Klitscher" genannt, aus rohen Kartoffeln gefertigt werden. Tatsächlich haben grüne Klöße dadurch manchmal einen leicht grünen Schimmer. In einigen mitteldeutschen Gegenden war ein Kloß mit Soße, also ohne Fleisch, noch in den Nachkriegsjahren eine vollständige Mahlzeit. Übrig gebliebene Klöße wurden in Scheiben geschnitten und bei der nächsten Mahlzeit kurz angebraten.

Ein Sprichwort lautet: „Viel Klöße – viel Geld". Klöße sollen bei der Zubereitung nicht gezählt werden, aber letztendlich soll immer eine ungerade Zahl von Klößen auf den Tisch kommen. Eine gerade Anzahl an Klößen bringt angeblich Unglück. In manchen Familien beteiligt sich beim Zubereiten von Klößen noch heute traditionell die gesamte Familie. Die Töchter schälen die Kartoffeln und die Söhne reiben sie. Der Vater presst im sogenannten Kloßsäckel das Wasser aus der Teigmasse. Das Wasser wird dann aufbewahrt, bis sich die Kartoffelstärke auf dem Boden absetzt. Sie wird der Masse dann zugegeben und überbrüht. Die Mutter ist für die weitere Zubereitung zuständig und formt schließlich die Klöße. Es gibt wohl nur wenige Speisen, die solch einer intensiven Vorbereitung wie die der Klöße bedürfen. Die Zubereitung muss gelernt sein, sonst kommt ein matschiger Klumpen heraus. Wichtig ist auch die Auswahl der Kartoffeln. Man sollte nicht blindlings zu irgendeinem Kartoffelsack greifen, sondern genau nach der Marke schauen. Gut geeignet sind mehlige Kartoffeln. Einige Spritzer

Buttermilch und Weißbrotwürfel geben den Klößen einen besonderen Geschmack.

Inzwischen bieten Fleischer tischfertigen Gänsebraten zum Mitnehmen an. Gastwirte leisten einen „Service" besonderer Art. Der knusprige Braten wird mit allem Drum und Dran – auch mit den Klößen, dem frischen Apfelrotkohl und sogar dem passenden Rotwein – kredenzt.

Gänsebraten ist ein Familienessen. Eltern laden dazu oftmals ihre Kinder und Enkelkinder ein. Nunmehr wird das gemeinsame Essen aus organisatorischen Gründen immer häufiger in die Gaststätte verlegt, wofür so manche Familie ein Stammlokal hat.

Grüne Klöße

Zutaten

2 KG	KARTOFFELN
4	BRÖTCHEN
100 G	BUTTER
	MILCH
	SALZ

Zubereitung

Etwa 500 g Kartoffeln waschen und kochen, abgießen und pellen, schließlich durch die Kartoffelpresse drücken.

Nun sind die Brötchen in Würfel zu schneiden und in zerlassener Butter zu rösten.

Die Restkartoffeln werden geschält, gerieben, durch ein Tuch gepresst und im Kartoffelwasser aufgefangen.

Die gewärmte Milch wird über die Knollen gegossen.

Anschließend sind die gekochten Kartoffeln beizufügen und zu salzen. Letztendlich soll eine geschmeidige Masse entstehen und in einem Topf mit Salzwasser zum Kochen gebracht werden.

Nun beginnt das Formen der Klöße. Danach werden die Klöße in das Wasser gelegt und aufgekocht. Sie sollen dann 15 Minuten lang ruhen.

Zubereitungszeit

ca. 60 Minuten

„Der Stall zu Bethlehem", Ludwig Richter.

DER DRESDNER KREUZCHOR

Tausende Menschen besuchen alljährlich zur Weihnachtszeit die Konzerte des Kreuzchores. Eine riesige Schlange steht vor der Kreuzkirche, um Heiligabend den berühmten Knabenchor zu hören. Und am ersten Weihnachtsfeiertag zeigt sich in den frühen Morgenstunden dasselbe Bild. Morgens um sechs singen die Kruzianer und begeistern die Besucher. Der Knabenchor besteht schon seit 700 Jahren, was eine Urkunde von um 1300 belegt. In die Reformationszeit fällt das Kurrende-Singen. Damals zogen die Lateinschüler fröhlich singend durch die Straßen und verdienten mit dem sogenannten Bettelgesang etwas Geld. Das Wort „Kurrende" stammt aus dem Lateinischen (currere) und bedeutet laufen. Beim „Laufen" von Tür zu Tür ersangen sich die Lateinschüler kleine „Spenden. Doch nicht nur zu Weihnachten waren die jungen Sänger im Einsatz, sie sangen auch zu Beerdigungen, Taufen, Trauungen und Gottesdiensten. Die Knaben trugen dann eine besondere Kleidung. Ihre Straßenbekleidung bestand hingegen aus schwarzen Mänteln mit weißem Kragen. Vom Reformator Martin Luther stammt folgende Geschichte: „Ich zog in meiner Schulzeit mit so einer Gruppe vor das Haus eines Fleischers. Während des Gesangs kam jemand mit etwas Knüppelartigem eilig aus dem Haus gelaufen. Aus Angst vor einer Tracht Prügel liefen wir weg. In gebührender Entfernung hörten wir die Rufe des Hausherrn. Der vermeintliche Knüppel war eine Wurst …"

Die Kreuzschule ist mit der Entwicklung des Kreuzchores und der Kreuzkirche eng verbunden. Die älteste Dresdner Lehranstalt pflegte das Kurrende-Singen. Im 15. Jahrhundert fielen in der Kreuzkirche wöchentlich 136 Messen an. Die Schulordnung regelte die chorischen Verpflichtungen. So waren die Schüler in fünf Chöre eingeteilt, davon stellten drei die Kurrendaner. Die Kurrende bestand aus einer lateinischen und deutschen Gruppe. Der erste Dresdner Kreuzkantor war Sebaldus Baumann. Er musste seine Schüler lehren, dass sie ihre Stimmen „artig und lieblich Läutten formiren mögen ...“ Der Dresdner Rat achtete bei der Anstellung der Kreuzkantoren auf deren musikalische und musikpädagogische Fähigkeiten sowie auf wissenschaftliche Qualifikationen. Die Kantoren mussten den Magistergrad nachweisen und eine ausnahmslos vielseitig gebildete Persönlichkeit sein. Voraussetzung bei der Anstellung war ein Theologiestudium an der Universität Wittenberg oder Leipzig. Im Dreißigjährigen Krieg ließ die musikalische Qualität zeitweise zu wünschen übrig und dem Kreuzchor drohte die Auflösung. Unter Kurfürst August des Starken erlangte der Chor wieder an Bedeutung. Rund 100 Jahre wirkten die Kruzianer auch als Choristen in Opernaufführungen mit. Eine spätere Chronik berichtet: „Im Siebenjährigen Krieg (1756–1763) ließ der preußische König Friedrich II. die Stadt mit Artillerie beschießen, die Gesänge der Kruzianer waren aber lauter als die Geschütze.“ Auch Johann Wolfgang von Goethe schrieb über den Kreuzchor: „In knappen, schwarzen Fracks und überhaupt schwarz gekleidet, etwa dreißig an der Zahl, gingen diese Chorschüler, Arm in Arm, mit großen Stürmern auf den Köpfen, durch die Straßen, der Präfekt voraus.“

1819 wandelte sich die Kreuzschule von einer Stiftungs- und Armenschule zu einem modernen Gymnasium, bald waren Reformen erkennbar. Rektor Ernst August Gröbel kündigte beispielsweise den Vertrag mit der sächsischen Hofoper. 1828 hängte der letzte Dresdner Kurrende-Sänger seine Tasche an den Nagel. Der Rektor hob kurzerhand die Kurrende auf, weil sich der Dienst nicht mehr mit dem Unterrichtsablauf vereinbaren ließ. Damals wurden 430 Schüler an der Kreuzschule unterrichtet. Die Gesangstradition lebt jedoch fort. Dem Kreuzchor gehören derzeit 150 Jungen im Alter von 5 bis 19 Jahren an.

„Der Engel erscheint den Hirten", Ludwig Richter.

Schlesisch-sächsischer Karpfen

Zutaten (für zwei Personen)

1000 G	FRISCHER KARPFEN	2	GEHACKTE ZWIEBELN
1 L	MALZBIER	3	LORBEERBLÄTTER
250 G	BUTTER	5	PIMENTKÖRNER
2 EL	MEHL	2 EL	ZITRONENSAFT
3	PFEFFERKUCHEN	2 TL	SALZ

Zubereitung

Den Fisch säubern, säuern (2 EL Zitronensaft oder Essig) und salzen (1 TL Salz).

3 Flaschen Malzbier in einen Topf füllen und die Karpfenstücke reinlegen. Die Zwiebeln, Lorbeerblätter, Pimentkörner und den zerbröselten Pfefferkuchen dazugeben und aufkochen lassen. Danach den Fisch herausnehmen und warm stellen.

In einer Pfanne etwa 150 g Margarine oder Butter auslassen und 2–3 EL Mehl dazugeben. Daraus eine sehr dunkle Mehlschwitze bereiten und mit der Biersoße ablöschen. Mit etwas Zucker, Zitrone und etwa 100 g Butter abschmecken. Dann nach Bedarf mit Biersoße auffüllen.

Nun kann der Fisch wieder zurück in die Soße, kurz aufwallen lassen und servieren. Dazu Salzkartoffeln reichen.

Zubereitungszeit
ca. 45 Minuten

WEIHNACHTSLECKEREIEN SORGEN FÜR PFUNDE

100 g	Pfefferkuchen oder Spekulatius: 350–500 kcal
100 g	gebrannte Mandeln: 600 kcal
150 g	Bratwurst: 550 kcal
100 ml	Feuerzangenbowle: 100 kcal
100 ml	Glühwein: 100 kcal

WENIGER BRAVE WEIHNACHTSSÄNGER

Während des Siebenjährigen Krieges (1756–1763) wurde mancherorts in Sachsen auf kirchliche Christfeste verzichtet. Danach begannen allmählich wieder die Christfeiern, wobei einige Pastoren den Unfug der Schulknaben kritisierten. Die Kinder trieben zu viel frechen Schabernack und die Lieder würden nicht mit Andacht und Verehrung des Herrn gesungen, das Weihnachtsfest würde nicht festlich und besinnlich, sondern allzu heiter begangen werden. Mitunter würde den Kindern das Singen sogar lästig sein. In einer Chronik wird etwa 1765 sogar Folgendes berichtet: „In der Peterskirche zu Görlitz liefen die Knaben zum Fest wie ein betrunkener Haufen herum. Mit ausschweifenden Lachen ergötzte man sich an den Späßen. Nicht nur in den finsteren Winkeln und auf den Treppen der Kirche versammelten sich Personen beiderlei Geschlechts, sondern selbst in den Kirchgängen und auf dem breiten Platz beim Altar hatten sie keine Scheu, sich zu umarmen, zu küssen und zu betasten ..."

Gefüllte Gänsebrust mit Dessertwein

Zutaten (für vier Personen)
2	GÄNSEBRÜSTE
10 G	GÄNSESCHMALZ
2	ZWIEBELN
1	EI
30 G	TRÜFFEL
200 ML	DESSERTWEIN
	GÄNSEFOND
	SALZ, PFEFFER

Zubereitung
Man löst die Gänsebrust vorsichtig vom Knochen, der klein gehackt wird.

Auch die Trüffelschale wird fein in Scheiben gehackt, die Zwiebeln müssen gepellt und geteilt werden.

Das Gänseschmalz im Topf erhitzen und die Knochen und Zwiebeln darin anrösten, schließlich mit dem Wein ablöschen.

Nun werden die Trüffelscheiben dazugetan und mit Gänsefond bedeckt. Nach einer halben Stunde muss das Ganze durch ein Sieb gegossen und dann mit Salz und Pfeffer gewürzt werden.

Im zweiten Gang muss die Gänsebrust auseinandergeklappt und auf die Hautseite gelegt werden. Die Brustfilets werden abgelöst, das Fleisch wird an den Rändern von der Haut geschnitten.

Ei, Trüffel und Fleisch werden verrührt und im Mixer zerkleinert. Nochmals wird etwas Wein dazugegeben, das Ganze wird abgeschmeckt.

Die Gänsebrust wird wie bei einem Rollbraten verschnürt, mit der Nahtstelle nach unten in einen kleinen Bräter gelegt und im Backofen ca. 90 Minuten gebraten.

Zubereitungszeit
ca. 2,5 Stunden

„Es ist Winter, toter Winter", Ludwig Richter.

WEIHNACHTEN IM „KLEINBAUERNMUSEUM"

In den meisten sächsischen Museen sind in der Vorweihnachtszeit liebevolle Weihnachtsausstellungen zu sehen. In Reitzendorf im Schönfelder Hochland ist dafür extra eine Bauernstube reserviert. Man entdeckt darin alte Weihnachtskarten und wunderschöne Kalender, selbst gebastelte Holztiere und so manche Rarität aus der Kinderzeit. „So ein Spielzeugauto hatte ich auch einmal und so eine Puppe – und diesen Puppenwagen!", rufen die Besucher dann entzückt. Der Strickfrauenverein im Museum strickt das ganze Jahr über Wollsocken, Handschuhe, Mützen und auch diese Exemplare sind im „Bauernmuseum" dann zu bewundern und zu erwerben. Zur Adventszeit ist der ursprüngliche Dreiseitenhof ganz auf Weihnachten eingestellt. Man entdeckt Küchengeräte, die aus den Resten eines Weihnachtsbaumes gebastelt wurden. Ein Ast mit Zweigen wurde dann so hergerichtet, dass ein Quirl oder sogar ein Butterstampfer entstand. Auf dem Bauerntisch steht außerdem, wie früher üblich, eine Schale mit schönen roten Äpfeln. Kinder besuchen gern das Museum, denn am Kachelofen singt man Lieder, hört Geschichten, erlebt alte Weihnachtstraditionen, backt Plätzchen und probiert gefüllte Äpfel.

Liegnitzer Bombe

Diese Pfefferkuchenspezialität wird im polnischen Teil Schlesiens gerne verzehrt.

Zutaten

300 G	HONIG
200 G	ZUCKER
125 G	BUTTER
400 G	MEHL
3 TL	BACKPULVER
30 G	KAKAOPULVER
3	EIER
100 G	ORANGEAT
100 G	ZITRONAT, GEWÜRFELT
100 G	GEHACKTE MANDELN
100 G	KANDIERTE KIRSCHEN
300 G	KUVERTÜRE
	ORANGENSAFT

Zubereitung

In einem Topf werden Honig, Zucker, Butter, Mehl und Backpulver unter heftigem Rühren erhitzt. Danach kommen Kakao, Eier, Zitronat, Orangeat, Mandeln und etwas Orangensaft in das Gemisch.

Nach dem Teigkneten gelangen noch Kirschen in die Masse. Alles wird bei 180° für 20 Minuten gebacken und anschließend mit Schokolade überzogen.

Zubereitungszeit

ca. 40 Minuten

Wart ihr auch alle brav?

Gotthold Ephraim Lessing (1729–1781) bekam zu Weihnachten
einen von seiner Mutter gebackenen Stollen geschenkt. Der
Sohn sollte das Gebäck genüsslich allein verspeisen, doch der
junge Theologiestudent teilte den Stollen mit Caroline Neuber
und ihrer wilden Theatertruppe. Lessing war sehr eng mit den
„Hof-Comödianten" verbunden, sein Stück „Der junge Gelehrte"
hatte die Gruppe in Meißen 1748 zur Uraufführung gebracht. Als
Lessings Mutter von der Stollenteilung erfuhr, war sie verärgert
und Lessings Vater, ein Pfarrer, zog den Sohn zur Rechenschaft,
weil er den Striezel mit den gottlosen Komödianten verzehrt
hatte. Auch in anderen Familien war es im 18. Jahrhundert üblich,
Stollen zu verschenken, die die Mutter nach der Größe der Kinder gebacken hatte. Neben jedem Stollen lag eine Kleinigkeit wie
warme selbst gestrickte Handschuhe oder ein Pfefferkuchen.

Der Schriftsteller Ludwig Renn (1889–1979), geboren als
Arnold Friedrich Vieth von Golßenau, beschäftigte sich recht
und schlecht mit Stickereien und schenkte sie seiner Tante. Diese
lächelte mokant und meinte: „Bei Geschenken sollte man darauf
achten, dass sie nicht aus Klosettpapier gemacht sind." Weitaus
größere Geschenke leisteten sich die Kurfürsten. 1590 schenkte
Kurfürst Christian I. von Sachsen seiner Gemahlin Sophie einen
kostbaren Schmuckkasten. Er hatte die Form eines griechi-
schen Tempels mit goldenen und silbernen Säulen, dazwischen
waren filigrane Figuren von einer dunklen Samtwand umge-
ben. Zudem schmückten Smaragde und vergoldete Tier- und
Blumenornamente das Kunstwerk. Kurfürstin Sophie wollte sich
mit einem Gegengeschenk revanchieren und ließ zwölf Glas-
vitrinen im Wert von mehreren Millionen Talern anfertigen. Die

sächsischen Kurfürsten beauftragten erst kurz vor dem Christfest den Hofmarschall mit der Besorgung von Weihnachtsgeschenken. Beliebte Geschenke der Hoheiten waren vor allem Schmuckstücke, Becher, Schalen, Ringe, Ketten oder wertvolle Brettspiele. Geschenkt wurden aber auch exotische Tiere, sogar lebende Bären aus Fleisch und Blut. Doch nicht nur die sächsischen Hoheiten beschenkten sich reichlich. Kurfürst Friedrich III. von Brandenburg schenkte seinem 10-jährigen Sohn sogar ein Schloss! Kurprinz Friedrich Wilhelm war vom Schloss Königswusterhausen begeistert.

In der DDR-Zeit wurden gern Schnitzarbeiten aus dem Erzgebirge verschenkt: Pyramiden, Schwibbogen, Leuchter … Ein Baukasten aus dem VEB Vero enthielt Teile zum Selbstbasteln „einer geflügelten Jahresendfigur mit Mann", das waren ein Bergmann und ein Weihnachtsengel. Der Begriff „Jahresendfigur" setzte sich nicht durch, doch er regte manche DDR-Humoristen zu einem Witz an. Wer Westverwandtschaft hatte, freute sich vielleicht über ein Päckchen Bohnenkaffee, Perlonstrümpfe, eine Tafel Schokolade oder einen ausrangierten Pullover. Beliebte Geschenke aus Sachsen waren ein leckerer Stollen oder ein kostbarer Nussknacker, auch wenn manche Familie den buntbemalten Mann für Kinderspielzeug gehalten hatte. In zahlreichen Familien wiederholten sich die Weihnachtsgeschenke: Opa bekam warme Filzschuhe und Oma eine bunte Kittelschürze. Und manchmal waren die Pfefferkuchen auch schon zwölf Monate alt, wenn man sie im Jahr zuvor zu schenken vergessen hatte.

Die Meißener Albrechtsburg mit den Domtürmen.

Weihnachtsschinken

Ein richtig guter Nussschinken gehört in vielen sächsischen Familien zum Weihnachtsfest. So ein Schinken ist wie ein Lachsschinken besonders mager und zart. Er wird aus der Nuss, einem knochenfreien Teil der Keule, dem sogenannten Schinken, geschnitten. Wer Wert auf gute sächsische Produkte legt, kauft natürlich Nussschinken aus Sachsen. Die Nachfrage ist oft größer als das Angebot.

Glücklich kann derjenige Schweinezüchter sein, der „Meißner Landschweine" besitzt. Hanne ist eine Zuchtsau aus der Lommatzscher Pflege und Hoffnungsträgerin für das Überleben der nahezu ausgestorbenen Rasse. Sie ferkelt zweimal im Jahr und bei jedem Wurf werden zwischen 10 und 14 Ferkel geboren. Diese sorgen dann für den guten Nussschinken zu Weihnachten.

Schlesischer Kartoffelsalat

Zutaten

1½ KG	MEHLIG KOCHENDE KARTOFFELN
4	GEWÜRZGURKEN
200 G	FLEISCHWURST
1	ZWIEBEL
1 BECHER	FLEISCHSALAT ODER MAYONNAISE
100 G	GEWÜRFELTER SPECK
3 EL	ESSIG
2 EL	MEHL
1 BECHER	JOGHURT ODER SAURE SAHNE
	SALZ UND PFEFFER

Zubereitung

Die Kartoffeln kochen, ausdampfen lassen, schälen und in kleine Würfel schneiden. Die Gewürzgurken und die Fleischwurst ungefähr gleich groß würfeln.

Die Zwiebel klein schneiden und mit dem gewürfelten Speck in einer Pfanne anbraten. Die Zwiebeln und den Speck mit dem Mehl bestauben und nach kurzer Zeit mit dem Essig ablöschen. Es soll sich um die Zwiebeln eine feine Mehlschwitze gebildet haben.

Die Zwiebeln, den Speck und die Mehlschwitze zu den Kartoffelwürfeln geben. Dazu den Fleischsalat (man kann auch ein kleines Glas Salatcreme oder Mayonnaise nehmen) und den Joghurt oder die saure Sahne unterheben.

Den Salat mit Salz, Pfeffer und nach Geschmack mit Essig abschmecken. Der Salat sollte nun über Nacht durchziehen.

Je nach Art der Kartoffeln muss jetzt noch Mayonnaise oder Joghurt zugegeben werden. Der Salat sollte auch noch mal mit Salz und Pfeffer abgeschmeckt werden.

Wiener Würstchen und der wohl bekannte Senf aus Bautzen passen immer gut zu diesem Salat.

Zubereitungszeit
ca. 1 Stunde

„Der Tannenbaum", Ludwig Richter.

DIE GEHEIMNISSE DER ZWÖLF NÄCHTE

Zwischen dem 24. Dezember und dem 6. Januar liegen die zwölf geheimnisvollen Nächte. Sie werden Rauh-, Inter- oder Unternächte und im Vogtland auch Zwischennächte genannt. Diese Zeit ist bereits in den vorchristlichen Jahrhunderten mit dem Aberglauben verbunden worden, dass die Gesetze der Natur außer Kraft gesetzt seien und die Grenzen zu anderen Welten fallen würden. Damit der Teufel, Hexen und sonstige böse Mächte keinen Unfug trieben, wurde Obstbäumen im Garten ein Bündel Stroh umgelegt. Bauern beobachteten ihr Vieh besonders aufmerksam und fütterten die Tiere mit neunerlei Futter. Auf der Schwelle des Stalles wurden die Bibel und das Gesangbuch gelegt, auf die Stalltür drei Kreuze gemalt. Dem Aberglauben zufolge beeinflussen die zwölf Nächte auch das Wetter. Jeder Tag bzw. jede Nacht soll beginnend von Januar einem Monat entsprechen. Je mehr es stürme, desto fruchtbarer werde das Jahr. Liege auf den Bäumen viel Schnee, gebe es viel Obst. Und sternenklare Nächte würden auf eine gute Ernte deuten. Für die Zeit der Rauhnächte gab es bestimmte Regeln, die auch das Alltagsleben beeinflussten. Es war verboten zu backen, wischen, fegen und Teppich zu klopfen. Auch das frische Beziehen von Betten und Klöppeln gehörten zu jenen Tätigkeiten, die man in dieser Zeit besser bleiben ließ. Weiterhin durfte man keine Tische rücken und Türen zuschlagen – sonst würde im neuen Jahr der Blitz einschlagen. Zudem durften Tiere nicht beim Namen genannt werden wie Wölfe, Ratten, Mäuse und Füchse. Der Verzehr von Hülsenfrüchten wie Erbsen würde zu Ausschlag führen und Läuse oder anderes Ungeziefer anlocken. Und nicht zuletzt wurde vom Heiraten in dieser Zeit tunlichst abgeraten, denn das würde eine böse Ehe bringen! Was man in den zwölf Nächten träumt, soll dem Aberglauben nach in Erfüllung gehen. Der Traum in der Heiligen Nacht werde demnach bereits im Januar Realität, der Traum zu Hochneujahr am 6. Januar im folgenden Dezember.

„Schlittenfahren", Ludwig Richter.

3.

Silvester und Neujahrstag

DER HEILIGE SILVESTER

Silvester I. amtierte von 314 bis 335 als Bischof von Rom. Zu Ehren dieses Papstes wurde der 31. Dezember nach ihm benannt. Er gilt als Patron der Haustiere, einer guten Futterernte und eines glücklichen neuen Jahres. Im alten Rom wurde in der Nacht von Silvester zu Neujahr ein mächtiges Saufgelage veranstaltet – alles der Gesundheit wegen! Ja, fröhlich musste das neue Jahr beginnen. Glückwünsche wurden nicht nur aus Höflichkeit, sondern als wirksamer Zauber ausgesprochen. Heute noch wird in Rom Punkt Mitternacht ein riesiges Feuerwerk gezündet, danach ist Feiern angesagt. Und da bekanntlich Scherben Glück bringen, fliegen Teller und Tassen auf die Straße.

Viele weitere Jahresendbräuche sind heute noch lebendig, so das Bleigießen und das zünftige Trinken und Essen. Sogar ein Blumentopf kann ein Glücksbringer sein und darin gepflanzte vierblättrige Kleeblätter sollen mit den Zähnen herausgerissen werden – das bedeutet doppelte Freude. Zu Silvester soll außerdem nochmals richtig Ordnung geschafft werden. Dreck muss aus dem Haus gekehrt werden, damit im folgenden Jahr kein Ungeziefer auftaucht. Ein Kinnhaken in der bedeutungsvollen Nacht ist etwas Gutes, denn wer einen „verpasst" bekommt, bleibt im neuen Jahr von Schlägereien verschont, das sagt jedenfalls der Brauch. Auch ist es hierzulande üblich, alle Uhren aufzuziehen und richtig zu stellen, denn einerseits soll jeder zeitgleich das neue Jahr einläuten und andererseits verheißt dies Pünktlichkeit. Wagt man zum zwölften Glockenschlag einen mutigen Sprung vom Stuhl und klopft man dreimal kräftig auf Holz, so widerfahren einem Glück, Gesundheit und Liebe. Auch sollten alle Fenster geöffnet sein, damit das neue Jahr in die Wohnung kommen kann. Wer alle diese Aufgaben schafft, müsste ein echter Glückspilz sein.

Auch dem „Ballern" in der Nacht zu Neujahr kommt eine Bedeutung zu – das „Einschießen" soll das Leben in der Natur wecken und eine reiche Ernte bringen. Unsere Vorfahren benutzten Peitschen, Rasseln und sogar Dreschflegel als „Lärminstrumente". Ein Jahresendbrauch aus dem Erzgebirge ist das Pantoffelwerfen. Junge Mädchen stellen sich mit dem Rücken zur Tür, werfen einen Pantoffel über den Kopf und sagen ein Sprüchlein auf, z.B.: „Schuhchen aus, Schuhchen an, wo werde ich übers Jahr wohl sein?" Zeigt der Schuh mit der Spitze zur Tür, begegnet dem Mädchen im nächsten Jahr der Liebste.

Bestimmten Speisen, beispielsweise Brot und Salz, wird eine besondere Kraft nachgesagt, sie dürfen zum Jahreswechsel keineswegs im Haushalt fehlen. Das tägliche Brot und das Salz in der Suppe wurden als Geschenke des Himmels bezeichnet. Zum Traditionsmahl gehört auch der Karpfen. Mancher entnimmt ihm einige Schuppen und steckt sie in die Geldbörse. In den nächsten zwölf Monaten stehen dadurch, so sagt man, keine Finanzprobleme an. Wie bereits erwähnt, kommt im Erzgebirge das „Neunerlei" auch am Silvesterabend auf den Tisch. Und wer in der Silvesternacht zwölf große Bier trinkt, soll das ganze Jahr über glücklich sein.

„Lasst auch dies Jahr gesegnet sein", Ludwig Richter.

„Der Geist in der Neujahrsnacht", Ludwig Richter.

Der Januar öffnet die „Tür des Jahres"

Der Januar kommt wie sämtliche Monatsnamen aus dem Römisch-Lateinischen. Er wird abgeleitet von Januarius, das heißt: „Tür des Jahres". Der Januar wird oft als Janusgesicht dargestellt, die Bedeutung dafür: eine Seite des Doppelgesichtes schaut in die Vergangenheit, die andere in die Zukunft. In Osteuropa heißt der Januar Wolfsmonat, weil Wölfe da ihre Brunftzeit haben. Die Germanen nannten den Januar Hartung, da er im Winter ein eisiger Monat war. Er ging zudem als Eismond und damit kältester Monat des Jahres ein. Die Bauern nannten den Januar Schnee – und Wintermonat. Die Österreicher sagen zum Januar Jänner. Der Aberglaube ist im Januar besonders stark ausgeprägt. Schuld daran sind die dunklen Nächte, die bösen Mächte. Eine Bauernregel lautet: „Neujahr still und klar deutet auf ein gutes Jahr".

NEUJAHRSMARKT MIT KURFÜRSTLICHEM PRIVILEG

Märkte bringen Händlern und Städten häufig gute Einnahmen, sodass diese zu den unterschiedlichsten Zeiten um eine Marktgenehmigung bemüht waren – nicht zuletzt zu Lichtmess, dem Ende der Weihnachtszeit, oder zum Jahreswechsel, zum Neujahrsmarkt. Am 1. November 1458 verlieh der sächsische Kurfürst Friedrich II. der Stadt Leipzig das Sonderrecht, von Neujahr bis zum Dreikönigstag den Neujahrsmarkt abzuhalten. Er war damit als dritte Messe im Jahr kurfürstlich privilegiert. Die sächsischen Nachbarstädte Naumburg und Halle protestierten, denn sie hatten das Privileg bereits zwei Jahre zuvor mit „kaiserlicher Genehmigung" erlangt und die Stadt Halle sah ihr Handelsleben nun gefährdet. Nun war guter Rat teuer, da war glatt etwas schief gelaufen. Natürlich hatte auch der deutsche Kaiser ein Wörtchen mitzureden und entzog den Leipzigern das Privileg. Der Kurfürst von Sachsen, Friedrich der Sanftmütige, reagierte indes sauer und widerrief kurzerhand den Neujahrsmarkt zu Halle als „aufgehoben, vernichtet und abgetan." Der „Sanftmütige" hatte immerhin ein „Herz" für die Leipziger, denn er hatte dort am 22. August 1412 das Licht der Welt erblickt. Letztendlich boten die Leipziger ihren Nachbarn einen Kompromiss an: Demnach durfte Halle weiterhin einen Neujahrsmarkt durchführen, wenn der Leipziger Neujahrsmarkt beendet war.

„Neujahrslied", Ludwig Richter.

„Dreikönigslied", Ludwig Richter.

4.

Der Dreikönigstag am 6. Januar

HOCHNEUJAHR

Am 6. Januar wird Hochneujahr, der Tag der Heiligen Drei Könige, begangen, da die drei Weisen aus dem Morgenland am Tag der Geburt Jesu erschienen und ihm ihre Gaben überbrachten: Das rote Gold opferte König Melchior aus dem Perserreich. Der heilige Weihrauch war das Geschenk König Balthasars aus dem fernen Indien und die dritte Gabe, die Myrrhe, hielt König Kaspar aus dem Sabaland in Äthiopien in den Händen. Die Myrrhe wurde im Altertum wegen ihrer besonderen Heilkräfte hoch geschätzt. Die drei Heiligen bereiteten Christus mit ihren Gaben symbolisch auf seine Erdenaufgaben vor (Gold als Geschenk für den neugeborenen König, Myrrhe als Geschenk für den von Gott gesandten Heiler und Weihrauch als Geschenk für den zukünftigen Hohepriester Israels). Auf dem Weg nach Bethlehem waren sie einem hellen Stern gefolgt.

Bis in das Mittelalter begann das neue Jahr am 6. Januar. Es ist heute noch in manchen Gegenden üblich, dass ein Priester oder Lehrer das Haus mit Weihrauch ausräuchert und dass die Anfangsbuchstaben des lateinischen Textes „Christus mansionem benedicat" – „Christus segne dieses Haus" mit geweihter Kreide an den Balken von Haus- und Wohnungstüren geschrieben werden. Die drei Könige sind die Schutzheiligen aller Reisenden und der Dreikönigstag ist mit einigen Bräuchen verbunden.

Das Lied der Sternsinger

Der Ursprung der Sternsinger geht auf die biblische Erwähnung der Sterndeuter zurück, aus denen im achten Jahrhundert die Könige Caspar, Melchior und Balthasar, die Heiligen Drei Könige, wurden. Vor allem in katholischen Gegenden ziehen am Dreikönigstag die Kinder – als Könige verkleidet – in Begleitung von Erwachsenen von Haus zu Haus und bitten um wohltätige Spenden. An diese Tradition erinnern die Namen mancher Gaststätten wie „Zur Krone", „Zum Stern" oder „Zu den Drei Königen". Der auch als „Heischegesang" bekannte Brauch ging als „Drei-Königs-Singen" in die Geschichte ein. Am Dreikönigstag treffen ausgewählte Stern-sänger aus allen Regionen Deutschlands im jeweiligen Landtag bzw. im Bundestag ein und übergeben die Spenden der Sammelaktion, die der Bund der Deutschen Katholischen Jugend (BDKJ) und das Kindermissionswerk „Die Sternsinger" tragen. Eines der bekanntes-ten Lieder der Sternsinger ist „Es ist für uns eine Zeit angekommen". Das Lied, für das verschiedene Textfassungen existieren, war im 19. Jahrhundert in der Schweiz entstanden. 1939 wurde es zu einem Winterlied umgedichtet und erst in den 1990er-Jahren erhielt es den Status eines Weihnachtsliedes, indem es in einige Regionalausgaben des Evangelischen Gesangbuchs aufgenommen wurde.

> *Es ist für uns eine Zeit angekommen,*
> *es ist für uns eine große Gnad,*
> *denn es ist ein Kind geboren*
> *und das der höchste König war.*
> *Unser Heiland Jesus Christ,*
> *der für uns, der für uns*
> *der für uns Mensch geworden ist.*

WOHIN MIT DEM WEIHNACHTSBAUM?

In jeder Stadt stehen Container bereit, um die Krüppel, Stauten, teuren Edeltannen und billigen Schiefbäume hineinzubugsieren und leider ist auch für die Schmuckstücke in der guten Stube die Zeit gekommen. Wer das Wandern in den Müll nicht verschmerzen kann, hat eine andere Möglichkeit, seinen Baum loszuwerden: Der Zoologische Garten ist eine Anlaufstelle für altes Baummaterial. Die Elefanten schmatzen so einem Baum genüsslich die Äste und den Stamm ab. Beim nächsten Zoobesuch bedanken sich die Dickhäuter vielleicht mit einem lautstarken Schnaufen. Zoos ohne Elefanten haben gewiss eine andere Verwendung für die Bäume, im Zweifelsfall hilft eine Nachfrage. Natürlich kann der ausgediente Baum auch im Schrebergärtchen flugs auf dem Kompost landen, allerdings sollte vorher das ganze Glitzerzeug verschwinden. Am besten ist eine Zerkleinerung des Baumes, also das Zerhacken oder das Schreddern. In vielen sächsischen Orten pflegt man noch heute den Brauch des Baumverbrennens, doch die örtlichen Behörden haben für die Feuer strenge Maßstäbe angelegt und sich an Verordnungen den Kopf zerbrochen. Als „Brauchtumsfeuer" werden anerkannte und über Jahre hinweg gepflegte Veranstaltungen bezeichnet. Es scheint, dass mancherorts ein lang gepflegter Brauch dennoch in Vergessenheit gerät. In Schlottwitz, im schönen Müglitztal gelegen, übernimmt die Feuerwehr das Kommando des Baumverbrennens. Gleichzeitig wird dabei ein Weihnachtsbaumweitwerfen veranstaltet. Der ganze Ort ist bei diesem Fest im wörtlichen Sinne mit Feuereifer auf den Beinen, alle Teilnehmer erhalten gratis einen Becher Glühwein.

Russisch-orthodoxe Christen feiern ihr Weihnachtsfest erst im neuen Jahr, in der Nacht vom 6. auf den 7. Januar.

Die vom Hofarchitekten des Zaren, Harald Julius von Bosse, entworfene russisch-orthodoxe Kirche in Dresden gleicht einem Märchenschloss. Seit 1874 leuchten die blauen Zwiebelkuppeln mit ihren Goldkreuzen. Den prachtvollen Kirchenbau besuchten zu allen Zeiten Berühmtheiten wie die Schriftsteller Fjodor Dostojewski und Tschingis Aitmatov. Michael Gorbatschow ließ für seine verstorbene Frau hier eine Andacht halten. Derzeit zählt die Gemeinde rund 1.000 Mitglieder und zu Hochneujahr kommen besonders viele Gläubige. Während anderswo die Christbäume bereits ohne Schmuck oder entfernt sind, steht hier ein großer Tannenbaum im Kirchenraum, seine Spitze ragt fast bis zur Kuppel. Lichter, Kugeln und bunte Girlanden hängen an den Ästen. Auch eine Krippe mit Maria und Josef, Hirten, Tieren und dem Jesuskind ist in der Kirche aufgebaut.

Nach dem Kirchenbesuch kann wieder richtig gefuttert werden, denn der 6. Januar ist für die Russen der letzte Tag der Fastenzeit. Es ist Brauch, zwölf verschiedene Gerichte aufzutafeln, darunter Kutja, eine süße gekochte Getreidespeise mit Honig, Nüssen, Rosinen und Mohn. Üblicherweise wird dazu Uswar gereicht, ein Getränk aus trockenem Obst, Beeren und Honig. Zahlreiche russische Familien, die in Sachsen eine neue Heimat gefunden haben, feiern so ihr Weihnachtsfest. Geschenke bringt Väterchen Frost manchmal schon in der Silvesternacht, meistens aber erst am 6. Januar.

Während der russischen Weihnachtsferien zwischen dem 1. und 12. Januar sind zusätzliche Linienflüge von Moskau nach

Dresden im Fahrplan zu finden, die Landeshauptstadt ist auf den Ansturm eingestellt. Allein in die „Altmarktgalerie" stürmen in dieser Zeit rund 3.000 einkaufswütige russische Gäste – ein Glück für die Händler, denn die russische Weihnacht bringt ihnen doppelten Umsatz ein.

Kein Märchenschloss, sondern die russisch-orthodoxe Kirche in Dresden, in der zu Hochneujahr Weihnachten gefeiert wird.

Ein Vogel wollte Hochzeit machen ...

Nach Hochneujahr, dem Fest der Heiligen Drei Könige am
6. Januar, ist der 25. Januar der nächste wichtige Tag für Katholiken.
Am Abend vor dem Tag des Heiligen Paulus stellen viele sorbische
und Lausitzer Kinder einen oder sogar mehrere Teller auf ihr
Fensterbrett. Nüsse und leckere Backwaren in Form von Vögeln
liegen am nächsten Morgen darauf. Die Knirpse denken natürlich,
die Vögel hätten die Geschenke gebracht. Wer auf dem Teller ein
Stück Holz oder Kohle findet, kennt selbstverständlich den Grund:
Die Vögel haben genau beobachtet, dass das Mädchen oder der
Junge nicht immer brav gewesen sind. Gleichzeitig bedanken sich
die Vögel für das Futter, dass die Kinder bei Frost und Schnee auf
das Fensterbrett gelegt haben.

Der Ursprung der Vogelhochzeit am 25. Januar selbst ist nicht
konkret nachweisbar. Die „Buddissiner Nachrichten" von 1848
bezeichnen die Vogelhochzeit als ein „von uralten Zeiten herge-
brachtes Fest". Eine Deutung ist diese: Am 25. Januar, dem Tag
in der Wintermitte, sollen die Vögel zu nisten beginnen und Eier
legen. Angeblich sollen die Vögel am St.-Paulus-Tag Hochzeit
feiern – Anlass genug, um ein fröhliches Fest zu begehen. Zur
Tradition gehört der Hochzeitsumzug, angeführt von Frau Elster
und Herrn Rabe. Braut und der Bräutigam stehen an diesem
Januartag ebenso im Mittelpunkt wie der Hochzeitsbitter. Diese
Person hält witzige Reden, schwingt beim Ordnen des Zuges
einen bunten Stab und sorgt für den reibungslosen Ablauf. Die
breite Schärpe und die rote Weste betonen seine Würde. Die Elster trägt einen prächtigen Spitzenkragen und die große Schleife
gibt dem Kleid ein feierliches Aussehen. Auch andere Kinder
sind in Vogelkostüme geschlüpft, die die Eltern vor dem Fest

angefertigt haben. Am Tag der Vogelhochzeit bekommen die Kinder ein besonders leckeres Mittagessen: Eierflockensuppe, Rindfleisch mit Meerrettichsoße und „Vogelgebäck". Vom köstlichen Hochzeitsmahl bleibt kaum etwas übrig. Nachmittags geht das Fest mit Gesang, Spielen und Tänzen weiter. Die Kinder feiern Hochzeit und die Eltern erfreuen sich am lustigen Treiben der Mädchen und Jungen.

In einigen sorbischen Orten der Lausitz finden rund um die Vogelhochzeit bunte Veranstaltungen für die Erwachsenen statt. Um 1880 luden sorbische Wirte am Tag der Vogelhochzeit erstmals zum unterhaltsamen Abend ein. Während der Zeit des Nationalsozialismus wurden derartige Veranstaltungen verboten, die Vogelhochzeit – „Ptaci kwas" – wurde als „ganz absonderlicher Brauch" bezeichnet. Nach dem Zweiten Weltkrieg wurde die Tradition wiederbelebt. 1955 übernahm die Domowina, die nationale Organisation der Sorben, die Verantwortlichkeit zu den Veranstaltungen. Das Sorbische Nationalensemble Bautzen entwickelte ein spezielles Programm zur Vogelhochzeit. Dabei darf das Lied „Ein Vogel wollte Hochzeit machen" nicht fehlen, in dem eindrucksvoll die einzelnen Aufgaben der Vögel dargestellt werden: Dohle und Krähe sind die Brautjungfern von Frau Elster und Herrn Rabe, Brachvogel und Star die Brautführer. Das Rebhuhn ist der Koch und der Pirol wäscht in der Küche das Geschirr. Zur Musik spielen der Hänfling Flöte, die Lerche Klarinette, die Schwalbe Geige und der Schneekönig Dudelsack. Amsel und Wachtel fallen aus der Reihe – sie betrinken sich. Der Text zur Vogelhochzeit entstand bereits um 1470, Johann Gottfried Herder (1744–1803) nahm es später als „wendisches Volkslied" in seine Sammlung auf. Eigentlich besteht zwischen dem populären Volkslied und dem Brauch keine Verbindung, dennoch ist dieses Lied in das Fest einbezogen, wahrscheinlich weil es so lustig ist.

Es ist zum Brauch geworden, dass die Kinder die Vögel im Winter besonders gut versorgen. Sorbische Knirpse klettern auf

Scheunendächer und werfen den Vögeln ihr Lieblingsfutter entgegen. Ein Kindervers lautet: „Vogel, komm zu uns geflogen, bring den schönen Frühling mit." Eine Bauernregel am Tag der Vogelhochzeit lautet: Es wird wärmer, wenn Frösche am 25. Januar die Leiter hinaufsteigen. Dass die Vögel an bestimmten Tagen zum Winterausgang heiraten, ist als Brauch auch in anderen Regionen Europas bekannt. Ein weit verbreiteter Aberglaube war, dass die Seelen der Verstorbenen die Gestalt von Vögeln annehmen. Einst soll sogar am Vincenstag, dem 22. Januar, jede Holzarbeit in der Niederlausitz verboten gewesen sein, da man die Vögel nicht beim Heiraten stören wollte.

„Der Winter ist ein rechter Mann", Ludwig Richter.

5.

Mariä Lichtmess

MIT LICHTMESS IST WEIHNACHTEN ENDGÜLTIG VORBEI

In der katholischen Kirche wird am 2. Februar das Fest der Darstellung des Herrn mit einer Lichterprozession, einem Gottesdienst und einer Kerzenweihe begangen. Der Ursprung hierfür liegt bei den alten Römern, die das Fest nicht nur auf die Kerzenweihe beschränkten: Sie zogen mit Pechfackeln durch die Gassen und ehrten die Verstorbenen. Im fünften Jahrhundert wurde das Fest christianisiert.

Viele Familien haben ihre Weihnachtssachen schon zu Hochneujahr in Kisten gelegt, den Tannenbaum abgeschmückt und entsorgt. Doch das ist nicht in allen Familien der Fall. Im Erzgebirge und in den katholischen Regionen Sachsens wird der Weihnachtsbaum teilweise noch heute erneut mit Süßigkeiten, Kugeln und Sternen behangen und die Weihnachtsdekoration geordnet, da eine alte Tradition besagt, die Weihnachtszeit solle erst am 2. Februar beendet werden. Zu Mariä Lichtmess wurden früher die Kerzen nochmals angezündet und die letzten Stollenscheiben aufgegessen. Nur ein Stück blieb übrig, um über das Jahr hinweg keine Not zu haben. Auch heute wird die Weihnachtszeit in einigen Dörfern des Erzgebirges mit Bräuchen zu Lichtmess beendet. Nach Heiligabend und Hochneujahr gilt dieses Fest als der dritte Heilige Abend. Der 2. Februar war bis 1912 sogar ein offizieller Feiertag in Sachsen. Er fällt exakt auf den 40. Tag nach der Geburt Jesu. Im Lukasevangelium steht, dass Maria und Josef Jesus an diesem Tag zum Tempel brachten und zwei junge Tauben opferten. Schließlich galt die Mutter eines Neugeborenen 40 Tage lang als unrein und musste ein Reinigungsopfer bringen. Deshalb wird das Fest auch als „Maria Reinigung" bezeichnet. Im Tempel wurde Jesus als „Sohn des Herrn" anerkannt.

In vielen Kirchen findet an diesem Tag um 17 Uhr die Lichtmessvesper statt. Schlag 18 Uhr gehen die Weihnachtslichter in den Wohnungen und die Altarkerzen in den Kirchen aus. Die „Gewitterkerze" wird vorsorglich bereitgelegt. Im Mittelalter holten die Christen sie bei Blitz und Donner hervor, um Einschläge abzuwenden. Mit einem vom Nachtwächter ausgeführten Zapfenstreich ist die 40-tägige Weihnachtszeit vorbei. Nach diesen Zeremonien beginnt das traditionelle Lichtmess-Essen. Auf den Tisch kommt Hirsebrei mit Bratwurst. Hirsebrei steht dafür, dass das Geld nicht ausgeht und die Bratwurst soll besonders lang sein, damit der Flachs gut gedeiht. Zu Lichtmess wechselten die Dienstboten im 18. und frühen 19. Jahrhundert zu einem anderen Dienstherrn oder die Knechte und Mägde erhielten einen neuen Arbeitsvertrag. Das wurde mit einem zünftigen Essen und einem ausgiebigen Trunk gefeiert. Im Erzgebirge ist der Brauch zu einer Touristenattraktion geworden. Tausende Touristen strömen beispielsweise nach Stollberg und Zwönitz. Reiseveranstalter locken mit einer Fahrt ins winterliche und noch weihnachtliche Erzgebirge. An diesem Tag endet auf dem Zwönitzer Markt der Weihnachtsmarkt. Es werden zum letzten Mal Glühwein, Pfefferkuchen und andere Naschereien verkauft. Abends um sechs ruft der Bürgermeister: „Lichter aus!" Wie auf Kommando bleibt dann die Pyramide blitzartig stehen, die Lichter am Tannenbaum und auf dem Schwibbogen gehen aus. Die Stadt liegt im Dunkeln. Kurz danach zieht der Nachtwächter mit seiner Gewitterkerze durch den Ort. Wer das klassische Lichtmessgericht nicht daheim genießt, wandert in eine Gaststätte. Alle Wirte empfehlen aus diesem Anlass natürlich Riesenbratwurst mit Hirsebrei.

BAUERNREGELN

Für die Bauern war und ist Lichtmess ein wichtiger Tag. Der Landwirt sollte noch die Hälfte des Tierfutters im Stall vorrätig haben. Die Imker zogen mit geweihten Kerzen um ihr Bienenhaus und riefen: „Bienlein freut euch, hurra, Lichtmess ist da!"

- Zu Lichtmess Sonnenschein, kommt noch viel Schnee herein.
- Wenn es an Lichtmess stürmt und schneit, ist der Frühling nicht mehr weit.
- Ist es an Lichtmess hell und klar, geht der Winter weit ins Jahr.
- An Lichtmess fängt der Bauersmann neu mit des Jahres Arbeit an.

„Schlittschuhlaufen", Ludwig Richter.

Literaturverzeichnis

BACHMANN, MANFRED: Weihnachten im alten Dresden. Husum 2006.

FINDEISEN, KURT ARNOLD: Das goldene Weihnachtsbuch. Husum 2002.

HANUSCH, ROLAND: Sächsischer Pflaumentoffel, schwarz, klebrig und zuckersüß. Husum 2012.

KÜGELGEN, WILHELM VON: Jugenderinnerungen eines alten Mannes. Leipzig 1925.

OROSZ, HELMA: Dresdner Amtsblatt 51-52/12 vom 20. Dezember 2012.

RICHTER, LUDWIG: Lebenserinnerungen eines deutschen Malers. Berlin 1985.

RINGELNATZ, JOACHIM: Ausgewählte Werke. Neu-Isenburg 2006.

SCHRÖDER, JOACHIM: Weihnachten im Eiffelland. Erfurt 2011.

VOIGT, LENE: Lene Voigts Kochbuch, Vereinfachtes Kochbuch der Prager Deutschen Kochschule. Mit Texten rund ums Essen. Mit sächsischen Mundartbeiträgen. Leipzig 2000.

WOZEL, HEIDRUN: Striezelmarkt Dresden. Husum 2010.

Bildnachweis

BÜRKNER, HUGO (HRSG.): Deutscher Jugendkalender für 1848, Leipzig 1848: S. 52

Es war einmal. Ein Bilderbuch von DRESDNER KÜNSTLERN, Dresden 1862: S. 80, 112

J. GABER'S ATELIER FÜR HOLZSCHNEIDEKUNST (HRSG.): Christen

GUMPERT, THEKLA VON: Hymnen für Kinder, Berlin 1846: S. 76, 150

ILLUSTRIRTE JUGEND-ZEITUNG, 2. Jg. 1847, Leipzig 1847: S. 72, 108

freude in Lied und Bild, Leipzig 1855: S. 129, 169

LEHMANN, IRMGARD: S. 48, 49

NIERITZ, GUSTAV (HRSG.): Sächsischer Volkskalender für das Jahr 1842, Leipzig 1842: S. 14, 162

NIERITZ, GUSTAV (HRSG.): Sächsischer Volkskalender für das Jahr 1847, Leipzig 1847: S. 132

REINICK, R.: J. P. Hebel's allemannische Gedichte, Leipzig 1851: S. 91, 166

REUSCHER, JULIUS: H. C. Andersen's Märchen, Berlin 1851: S. 98

RICHTER, LUDWIG (HRSG.): Alte und neue Volksweisen, Leipzig 1846: S. 160

RICHTER, LUDWIG: Was bringt die Botenfrau, Erster Tragekorb, Leipzig 1850: S. 88, 121, 184

RICHTER, LUDWIG: Beschauliches und Erbauliches, Leipzig 1853: S. 56

RICHTER, LUDWIG: Für's Haus. Im Winter, Dresden 1858: S. 26, 32, 165, 180, 122

RICHTER, LUDWIG: Bilder und Reime für Kinder, Leipzig und Dresden 1859: S. 23, 39

RICHTER, LUDWIG: Für's Haus, Dresden 1860: S. 37

Richter, Ludwig: Neuer Strauss für's Haus, Dresden 1864: S. 42

Richter, Ludwig: Gesammeltes für's Haus, Dresden 1869: S. 11, 170

Georg Scherer's illustrirtes Kinderbuch, Leipzig 1869: S. 19, 135

Schmidt, Ferdinand: Der Weihnachtsbaum, Leipzig 1851: S. 102

Schutzverband Dresdner Stollen: S. 59

Sutton Verlag (Archiv): S. 2, 21, 34, 46, 70, 115, 156

Traugott, Johann: An der Krippe zu Bethlehem, Dresden 1852: S. 8, 137, 143

Traugott, Johann: Knecht Ruprecht, Leipzig 1852: S. 63, 66, 146

Sofern nicht anders ausgewiesen, stammen alle anderen Aufnahmen aus dem Archiv des Autors.

Bitte beachten Sie auch die folgenden Buchhinweise.

Gero Fehlhauer

Die Reihe Archivbilder

REICHENBACH
UND SEINE ORTSTEILE

Reichenbach und seine Ortsteile

Gero Fehlhauer

18,95 €

Aue. Alltagsbilder

Ralf Petermann, Lothar Walther

ISBN: 978-3-89702-353-6

17,90 €

DIE REIHE
Archivbilder
COSWIG
IN SACHSEN

1896.

Evelies Baumann

Coswig in Sachsen

Evelies Baumann

ISBN: 978-3-89702-192-1 | 17,90 €

SUTTON
VERLAG

Weitere Bücher aus Ihrer Region finden Sie unter:
www.suttonverlag.de